ERSTE SCHRITTE SAMSUNG GALAXY S24, S24+, UND S24 ULTRA

DIE WAHNSINNIG EINFACHE ANLEITUNG FÜR DAS SAMSUNG GALAXY 2024 MIT ANDROID 14 UND ONE UI 6.1

SCOTT LA COUNTE

RIDICULOUSLY SIMPLE BOOKS

ANAHEIM, KALIFORNIEN

www.RidiculouslySimpleBooks.com

(einschließlich, aber nicht beschränkt auf Screenshots) werden ausschließlich für redaktionelle und pädagogische Zwecke verwendet.

Haftungsausschluss: Bitte beachten Sie, dass dieses Buch trotz aller Bemühungen um Genauigkeit nicht von Samsung, Inc. unterstützt wird und als inoffiziell betrachtet werden sollte.

Inhaltsübersicht

EINFÜHRUNG

Entdecken Sie die Leistungsfähigkeit des Samsung Galaxy S24 mit One UI 6.1

Entfesseln Sie das volle Potenzial Ihres Galaxy S24

Tauchen Sie ein in die Welt des Samsung Galaxy S24, einem Wunderwerk der modernen Technik, und erkunden Sie seine unzähligen beeindruckenden Funktionen mit diesem umfassenden und benutzerfreundlichen Handbuch. Dieses Buch ist perfekt für jeden, der die Möglichkeiten seines neuen Geräts nutzen möchte. Es ist Ihr Schlüssel, um das volle Potenzial des Galaxy S24 zu erschließen.

Das Galaxy S24 hebt sich auf dem Smartphone-Markt nicht nur durch sein schlankes Design und seine High-End-Ausstattung ab, sondern auch durch seine unübertroffene Zugänglichkeit und seinen Wert. Es ist ein Gerät, das für eine breite Palette von Nutzern konzipiert ist, von technisch versierten Enthusiasten bis hin zu Smartphone-Einsteigern.

Was dieser Leitfaden bietet:

- Ein tiefer Einblick in die beeindruckende hochauflösende Kamera, die die Momente des Lebens in unvergleichlicher Klarheit festhält.
- Einblicke in die blitzschnelle Leistung des S24, die ein reibungsloses, verzögerungsfreies Erlebnis gewährleistet.
- Eine leicht zu navigierende Benutzeroberfläche, die die Bedienung des Telefons zum Kinderspiel macht.
- Eine Tour durch die beliebtesten Funktionen des Telefons, einschließlich Internet-Surfing-Funktionen, anpassbare Systemeinstellungen und vieles mehr.
- Außerdem erfahren Sie, wie Sie die besten Funktionen des neuesten Betriebssystems nutzen können: One UI 6.1
- Und vieles mehr

Sind Sie bereit, sich mit Ihrem Samsung Galaxy S24 auf eine Entdeckungsreise zu begeben? Dieses Buch ist Ihre Eintrittskarte, um die hochmodernen Funktionen dieses unglaublichen Smartphones zu meistern. Ihr Abenteuer in die Welt der Samsung-Technologie beginnt hier!

Hinweis: Dieser Leitfaden wurde mit dem Ziel verfasst, Ihr Galaxy S24-Erlebnis zu verbessern. Obwohl er nicht offiziell von Samsung, Inc. unterstützt wird, bietet er eine Fülle von Wissen und Tipps, die Ihnen helfen, das Beste aus Ihrem Gerät zu machen.

[1]

WAS FÜR EINEN UNTERSCHIED EIN TELEFON MACHT

Samsung ist ein großartiges Telefon. Aber es gibt Dutzende von großartigen Handys. Wie schneidet es im Vergleich zu einigen der beliebtesten Handys da draußen ab? Das werden wir in diesem Abschnitt herausfinden. Ich konzentriere mich auf Samsungs bestes Handy, das S24 Ultra.

SAMSUNG S24 ULTRA VS. SAMSUNG S24

Bevor ich auf andere Marken eingehe, wie schneidet sie im Vergleich zu ihrer eigenen Marke ab? Was ist der Unterschied zwischen dem Ultra und dem normalen (und dem Kapitel) S24?

Entwerfen und Bauen

Das S24 Ultra liegt mit seinen Abmessungen von 162,3 x 79 x 8,6 mm und einem Gewicht von 232 Gramm wie ein Wälzer des Wissens in der Hand. Sein Gehäuse, eine Verschmelzung von Gorilla Glass Armor und einem Titanrahmen, zeugt von Haltbarkeit und Eleganz. Das S24, das mit 147 x 70,6 x 7,6 mm und einem Gewicht von 168 Gramm etwas flinker ist, liegt gut in der Hand. Es ist in Gorilla Glass Victus 2 und einen Aluminiumrahmen gehüllt, der Robustheit und Eleganz vereint. Beide Krieger sind IP68-zertifiziert und damit bereit, den Elementen zu trotzen.

Die Anzeige

Das S24 Ultra verfügt über ein großartiges 6,8-Zoll-Dynamic-LTPO-AMOLED-2X-Display mit einer Auflösung von 1440 x 3120 Pixeln, das mit einer Helligkeit von 2600 nits strahlt. Im Gegensatz dazu bietet das S24 ein kompakteres 6,2-Zoll-Display mit einer Auflösung von 1080 x 2340 Pixeln. Es kann zwar nicht mit der Größe des Ultra mithalten, bietet aber die gleiche Spitzenhelligkeit und Klarheit. Beide Bildschirme sind mit ihren Always-on-Displays wachsame Wächter.

Unter der Haube

Im Kern pulsieren beide Geräte mit der Kraft von Android 14 und One UI 6.1. Das Herz des S24 Ultra ist der Qualcomm Snapdragon 8 Gen 3 Chipsatz, ein 8-Kern-Kraftpaket. Das S24, in seinen verschiedenen Ausführungen, bietet entweder den gleichen Snapdragon oder den Exynos 2400, letzterer mit einer 10-Kern-Konfiguration in den internationalen Versionen. Diese Divergenz in der Hardware ist wie eine Weggabelung, jeder Weg führt zu seiner eigenen einzigartigen Leistung und Effizienz.

Kameras
Im Bereich der Optik bietet die S24 Ultra mit ihrem Vierfach-Kamera-Setup, angeführt von einem 200-MP-Primärsensor, eine epische Geschichte. Sie ist wie ein Meistermaler mit einer unendlichen Farbpalette. Das S24 mit seinem Dreifach-Kamera-Array bietet eine fokussiertere Erzählung, wobei das 50-MP-Primärobjektiv die Essenz des Augenblicks einfängt. Beide Geräte verfügen über die gleichen Fähigkeiten im Videobereich und sind in der Lage, 8K-Geschichten zu erzählen.

Batterie und Aufladen
Das S24 Ultra bezieht seine Lebenskraft aus einem 5000-mAh-Akku, während das S24 von einer 4000-mAh-Quelle gespeist wird. Das Ultra wird mit 45 W kabelgebundener Geschwindigkeit aufgeladen, ein schneller Nachschub für einen hungrigen

Kämpfer. Das S24, in seiner bescheideneren Aufmachung, akzeptiert eine 25W-Ladung.

Preis und Auswahl
Das S24 Ultra mit seiner Fülle an Funktionen und seiner Größe verlangt einen Preis von 1.299,99 $. Das S24, ein erschwinglicheres und dennoch formidables Gerät, verlangt 799,99 $.

Das Samsung S24 Ultra und das S24 sind nicht einfach nur Telefone, sie sind Figuren in einer Geschichte des Fortschritts und der Auswahl. Das Ultra mit seinem großen Display, der hervorragenden Kamera und dem größeren Akku ist wie ein erfahrener Weiser, voller Weisheit und Fähigkeiten. Das S24, wendiger und bescheidener, ist der versierte Lehrling, fähig und bereit für die Abenteuer des Alltags. Die Wahl zwischen den beiden ist eine persönliche Reise, eine, die die individuellen Bedürfnisse und Wünsche in der sich ständig weiterentwickelnden Technologie widerspiegelt.

SAMSUNG S24 ULTRA VS. SAMSUNG GALAXY FOLD5

Es gibt eigentlich zwei Premium-Handys von Samsung: das Ultra und das Fold. Der offensichtlichste Unterschied zwischen ihnen ist, dass man sie falten kann. Aber was ist mit allem anderen? Schauen wir mal rein.

Gestaltung

Das S24 Ultra mit seinen Abmessungen von 162,3 x 79 x 8,6 mm ist ein Monolith der Stärke und wiegt zwischen 232 und 233 Gramm. Sein aus Gorilla Glass Armor und einem Titanrahmen gefertigtes Gehäuse zeugt von Haltbarkeit und Anmut. Im Gegensatz dazu entfaltet sich das Galaxy Fold5, ein Wunderwerk der Technik, aus einer kompakten Form von 154,9 x 67,1 x 13,4 mm zu einer großen Ausdehnung von 154,9 x 129,9 x 6,1 mm. Mit einem Gewicht von 253 Gramm ist es eine Verkörperung der Vielseitigkeit, mit seinem Glass Victus 2 und Aluminiumrahmen.

Die Anzeige

Das S24 Ultra verfügt über ein 6,8 Zoll großes Dynamic LTPO AMOLED 2X-Display, das mit einer Auflösung von 1440 x 3120 Pixeln einen lebendigen Teppich aus Farben und Details bietet. Das Galaxy Fold5, ein Geschichtenerzähler der besonderen Art, präsentiert ein 7,6 Zoll großes, faltbares Dynamic AMOLED 2X-Display mit einer Auflösung von 1812 x 2176 Pixeln. Es entfaltet sich wie ein Buch der alten Überlieferungen und enthüllt eine größere, immersive Welt.

Strom

Das S24 Ultra pulsiert mit Android 14 und dem Qualcomm Snapdragon 8 Gen 3 Chipsatz, einem Octa-Core-Motor mit roher Kraft. Das Fold5 mit Android 13, das auf 14 aufgerüstet werden kann, wird vom Snapdragon 8 Gen 2 angetrieben, einem Octa-Core-Prozessor, der sich an seine Doppelform anpasst. Beide sind mit reichlich Arbeitsspeicher und internem Speicher ausgestattet, um eine nahtlose Reise durch Aufgaben und Unterhaltung zu gewährleisten.

Die Kamera

Im Bereich der Optik verfügt die S24 Ultra über eine Vierfachkamera, angeführt von einem beeindruckenden 200-MP-Breitbildsensor, der Momente mit unvergleichlicher Klarheit und Tiefe festhält. Die Fold5 mit ihrem Dreifach-Kamerasystem bietet ein vielseitiges 50-MP-Weitwinkelobjektiv, das mit jedem Klick Bilder malt. Beide Geräte haben die Fähigkeit, die Geschichten des Lebens in 8K aufzuzeichnen und Momente in atemberaubender Detailtreue zu bewahren.

Batterie und Aufladen

Die Geschichte der Ausdauer wird durch ihre Batterien erzählt. Das S24 Ultra mit seinem 5000-mAh-Akku ist ein Garant für Langlebigkeit. Das Fold5, mit einem etwas kleineren 4400-mAh-Akku, gleicht seine duale Natur aus. Die kabelgebundene 45-Watt-Ladung des Ultra ist ein Wettlauf mit der Zeit, während die 25-Watt-Ladung des Fold5 eine gemächlichere Wiederauffüllung ermöglicht.

Wert und Wahlmöglichkeit

Das S24 Ultra, ein Leuchtturm der Innovation, kostet 1.299,99 US-Dollar. Das Galaxy Fold5, ein Wälzer der Vielseitigkeit, verlangt einen etwas höheren Preis von 1.499,99 $. Der Unterschied besteht nicht nur in den Dollars, sondern auch in den Erfahrungen, die sie bieten - das Ultra, ein traditioneller, aber leistungsstarker Weg, und das Fold5, eine Reise der Transformation und Anpassungsfähigkeit.

Das Ultra mit seinem großen Display, der überlegenen Kamera und dem größeren Akku ist wie ein weiser Weiser, der voller Wissen und Macht ist. Das Fold5 mit seinem transformativen Design und seiner anpassungsfähigen Natur ist wie ein Gestaltwandler, der die Normen herausfordert und neue Horizonte eröffnet. Die Wahl zwischen diesen beiden Geräten ist eine persönliche Odyssee, die die individuellen Bedürfnisse und Bestrebungen in der großen Erzählung der technologischen Evolution widerspiegelt.

SAMSUNG S24 ULTRA VS. PIXEL 8 PRO

Kommen wir nun zu einigen Geräten, die nicht von Samsung stammen. Google hat sich als eines der beliebtesten Android-Telefone herauskristallisiert; wie schlägt es sich gegenüber dem Ultra?

Design und Ästhetik

Das S24 Ultra, eine majestätische Einheit, misst 162,3 x 79 x 8,6 mm und wiegt solide 232 Gramm. Seine Konstruktion, eine Verschmelzung von Gorilla Glass Armor und einem Titanrahmen, strahlt Stärke und Widerstandsfähigkeit aus. Das Google Pixel 8 Pro, das mit 162,6 x 76,5 x 8,8 mm etwas kompakter und mit 213 Gramm leichter ist, verfügt über ein Gehäuse aus Gorilla Glass Victus 2 und einen Aluminiumrahmen und bietet eine Mischung aus Eleganz und Haltbarkeit. Beide Geräte sind mit dem IP68-Zeichen versehen, das ihre Widerstandsfähigkeit gegen Staub und Wasser verkündet.

Die Anzeige

Das S24 Ultra verfügt über ein 6,8 Zoll großes Dynamic LTPO AMOLED 2X-Display, das mit einer Auflösung von 1440 x 3120 Pixeln eine Welt voller leuchtender Farben und scharfer Details bietet. Im Gegensatz dazu bietet das Pixel 8 Pro ein etwas kleineres 6,7-Zoll-LTPO-OLED-Display, das jedoch mit einer Auflösung von 1344 x 2992 Pixeln beeindruckt. Beide Bildschirme teilen sich die Pracht von HDR10+ und Spitzenhelligkeit, das Ultra mit 2600 nits und das Pro mit atemberaubenden 2400 nits.

Unter der Haube

Unter ihrem Äußeren verbirgt sich das Herz dieser Geräte. Das S24 Ultra pulsiert im Rhythmus von Android 14 und dem Qualcomm Snapdragon 8 Gen

3 Chipsatz. Seine Octa-Core-CPU und die Adreno 750 GPU sorgen für eine Leistung von roher Kraft und Finesse. In der Zwischenzeit tanzt das Pixel 8 Pro nach der Melodie der gleichen Android-Version, angetrieben durch den Google Tensor G3-Chipsatz. Seine Non-A-Core-CPU und der Immortalis-G715s MC10-Grafikprozessor summen eine Melodie aus Effizienz und Grafikleistung, eine Symphonie aus Googles eigener Feder.

Die Kamera
Im Bereich der Optik bietet das S24 Ultra eine epische Geschichte mit seiner Vierfach-Kamera, angeführt von einem 200-MP-Primärsensor, einem Leuchtturm der fotografischen Exzellenz. Das Pixel 8 Pro mit seinem Dreifach-Kamera-Array bietet eine fokussiertere Erzählung, eine 50-MP-Primärlinse, die die Essenz des Moments mit Googles berühmter computergestützter Fotografie-Magie einfängt. Beide Geräte verfügen über die gleichen 4K-Videofunktionen und erzählen ihre Geschichte in einer einzigartigen Bildsprache.

Energie und Ausdauer
Das S24 Ultra schöpft seine Lebenskraft aus einem robusten 5000-mAh-Akku, ein Reservoir, das tief genug ist, um auch die anspruchsvollsten Aufgaben zu bewältigen. Das Pixel 8 Pro mit seinem etwas größeren 5050-mAh-Akku kontert mit seiner eigenen Ausdauer. Das kabelgebundene 45-Watt-Laden des Ultra ist ein Wettlauf mit der Zeit,

während das 30-Watt-Laden des Pro einen eher gemäßigten Ansatz verfolgt. Beide bieten kabelloses und umgekehrtes kabelloses Laden.

Preise

Das S24 Ultra mit seinen unzähligen Funktionen und seiner Größe verlangt einen Aufpreis von 1.299,99 US-Dollar. Das Pixel 8 Pro, ein erschwinglicheres und dennoch beeindruckendes Gerät, kostet 799 US-Dollar. Dieser Preisunterschied ist nicht nur monetär, sondern spiegelt auch die Wege wider, die man bei der Suche nach technologischen Begleitern wählt.

Das Samsung S24 Ultra und das Google Pixel 8 Pro sind nicht nur Telefone, sondern auch die Verkörperung der Visionen ihrer Schöpfer. Das Ultra mit seinem großen Display, der überragenden Kamera und dem größeren Akku ist wie ein erfahrener Zauberer, voller Kraft und Fähigkeiten. Das Pixel 8 Pro, flinker und intelligenter, ist wie ein Weiser, weise in den Wegen der Software und Benutzererfahrung.

SAMSUNG S24 ULTRA VS. IPHONE 15 PRO MAX

Das iPhone ist kein Android-Telefon, aber die Frage sollte trotzdem gestellt werden: Wie kann Samsung gegen das wohl beliebteste Telefon antreten?

Gestaltung

Das S24 Ultra steht groß und selbstbewusst da. Seine Abmessungen von 162,3 x 79 x 8,6 mm umschließen einen robusten Rahmen. Mit einem Gewicht von 232 bis 233 Gramm fühlt es sich sehr schwer an, ein Beweis für seine Langlebigkeit. Mit Gorilla Glass Armor und einem Titanrahmen ist es wie ein Ritter in glänzender Rüstung gekleidet. Das iPhone 15 Pro Max, das mit 221 Gramm etwas kompakter und leichter ist, besticht durch seine eigene Eleganz mit einem ähnlichen Aufbau aus Glas und Titan. Beide Geräte teilen sich das IP68-Ehrenzeichen, obwohl das iPhone einen tieferen Tauchgang in Wasser, bis zu 6 Meter für 30 Minuten, für sich beansprucht - ein Hinweis auf seine Widerstandsfähigkeit.

Anzeigen
Das S24 Ultra verfügt über ein großartiges 6,8-Zoll Dynamic LTPO AMOLED 2X-Display, das mit einer Auflösung von 1440 x 3120 Pixeln strahlt. Mit einer Spitzenhelligkeit von 2600 nits ist es, als würde man in die Sonne schauen. Das iPhone 15 Pro Max, mit 6,7 Zoll nur eine Nuance kleiner, kontert mit seinem LTPO Super Retina XDR OLED-Display, einer etwas geringeren Auflösung, aber mit der Magie von Dolby Vision, die seine Helligkeit auf 2000 nits erhöht. Beide Bildschirme sind immer wach, immer eingeschaltet und bereit, Sie zu verzaubern.

Leistung

Hinter diesen Äußerlichkeiten verbergen sich die Herzen der Geräte. Das S24 Ultra pulsiert im Rhythmus von Android 14, angetrieben durch den Qualcomm Snapdragon 8 Gen 3 Chipsatz. Seine Octa-Core-CPU und der Adreno 750-Grafikprozessor sorgen für eine Leistung aus roher Kraft und Finesse. In der anderen Ecke tanzt das iPhone 15 Pro Max nach der Melodie von iOS 17. Sein Apple A17 Pro-Chipsatz summt eine Hexa-Core-Melodie, begleitet von einer 6-Core-GPU von Apple.

Momente festhalten

Unsere Geschichte wäre nicht vollständig, wenn wir nicht auch einen Blick auf ihre fotografischen Fähigkeiten werfen würden. Die S24 Ultra verfügt über ein Quartett von Objektiven, angeführt von einem atemberaubenden 200-MP-Hauptsensor, der die Momente des Lebens in atemberaubender Klarheit festhält. Es ist wie ein Maler mit einer unendlichen Palette von Farben. Das iPhone mit seinem Trio von Objektiven fügt mit seinem TOF 3D Li-DAR-Scanner einen Hauch von Magie hinzu und sieht die Welt nicht nur in Farben, sondern in Tiefen und Schichten. Beide Geräte sorgen mit ihren 12-MP-Selfie-Kameras dafür, dass der Geschichtenerzähler nie zu kurz kommt.

Batterie

Was hält diese Titanen am Leben? Das S24 Ultra schöpft seine Energie aus einem mächtigen 5000-mAh-Akku, der mehr Stunden Abenteuer bietet, unterstützt von einer schnellen kabelgebundenen Ladefunktion mit 45 W. Das iPhone 15 Pro Max mit seinem etwas kleineren 4441-mAh-Akku kontert mit der einzigartigen kabellosen MagSafe-Ladetechnik, einer unsichtbaren, aber unzerbrechlichen Verbindung.

Preis

Jede Geschichte hat ihren Preis. Das S24 Ultra mit seinen unzähligen Funktionen kostet 1.299,99 $. Das iPhone 15 Pro Max, ein wenig bescheidener, verlangt 1.199,00 $ für seinen Anteil an Ihrer Reise.

Jedes Gerät, ein Höhepunkt von Kunst und Technologie, lockt mit seiner einzigartigen Anziehungskraft. Wird es die Größe und Kraft des S24 Ultra oder die Eleganz und das Ökosystem des iPhone 15 Pro Max sein?

WAS IST NEU AN ONE UI 6.1?

Alle Samsung-Geräte basieren auf dem Android-Betriebssystem, haben aber eine eigene Benutzeroberfläche, die One UI genannt wird. Die neueste Version ist 6.1. Eines der besten Dinge an der neuesten Galaxy-Reihe? Samsung verspricht, dass es die Geräte mindestens sieben Jahre lang unterstützen wird. Das bedeutet, dass Sie auch in den kommenden Jahren immer die neuesten Updates erhalten werden.

Was ist neu in One UI 6.1? Werfen wir einen Blick auf einige der wichtigsten Funktionen.

Live-Übersetzen bei Telefonaten
Stellen Sie sich vor, Sie führen ein Gespräch mit jemandem, der eine andere Sprache spricht. Mit dem Galaxy S24 gehören Sprachbarrieren der Vergangenheit an! Das Telefon kann in Echtzeit übersetzen, was die andere Person sagt. Es ist, als hätten Sie einen persönlichen Dolmetscher in Ihrer Tasche. Diese fantastische Funktion funktioniert direkt auf dem Gerät und unterstützt von Anfang an 13 Sprachen.

Chat-Assistent in der Samsung-Tastatur
Hatten Sie schon einmal Schwierigkeiten, eine Nachricht zu übersetzen oder eine hastig getippte E-Mail zu korrigieren? Die Samsung Tastatur verfügt jetzt über integrierte KI-Funktionen, die all das und noch mehr können. Egal, ob Sie eine E-Mail schreiben, einen Beitrag in den sozialen Medien veröffentlichen oder eine kurze SMS senden, diese Funktion ist Ihr neuer bester Freund für eine klare und präzise Kommunikation in verschiedenen Sprachen.

Generative Fotobearbeitung
Erinnern Sie sich, wie Google uns mit seinem Magic Editor begeistert hat? Die generative

Fotobearbeitung von Samsung geht in dieselbe Richtung. Sie können jetzt Ihre Fotos optimieren, indem Sie Objekte entfernen oder verschieben, selbst schwierige Objekte wie Spiegelungen oder Schatten. Die KI rekonstruiert den Hintergrund nahtlos, so dass es aussieht, als wäre das Objekt nie da gewesen. Es ist wie ein Zauberstab für Ihre Fotos!

Jedes Video in Zeitlupe umwandeln
Haben Sie sich schon einmal gewünscht, ein Video zu verlangsamen, um einen besonderen Moment festzuhalten? Mit dem Galaxy S24 können Sie jedes Video in Ihrer Galerie mit einem langen Druck in eine ruckelfreie Zeitlupe verwandeln. Die künstliche Intelligenz füllt die Lücken, indem sie zusätzliche Bilder generiert und so einen nahtlosen Zeitlupeneffekt erzeugt, als wäre das Video ursprünglich auf diese Weise aufgenommen worden.

Kreis zur Suche mit Google
Hier ist etwas wirklich Futuristisches: Wenn Sie ein Bild auf Ihrem Bildschirm sehen und mehr darüber wissen möchten, halten Sie einfach die Home-Taste gedrückt und kreisen Sie das Objekt ein. Egal, ob es sich um eine Sehenswürdigkeit, ein Tier oder ein beliebiges Objekt handelt, Ihr Telefon erkennt es und zeigt die entsprechenden Google-Suchergebnisse an. Es ist wie ein Detektivobjektiv für die Welt um Sie herum.

Blockflöte Transkribieren
Notizen während langer Besprechungen zu machen, kann mühsam sein. Aber mit dem Galaxy S24 können Sie das Gespräch aufzeichnen und das Telefon es für Sie transkribieren lassen. Darüber hinaus kann es die Aufzeichnung sogar in Stichpunkten zusammenfassen. Diese Funktion ist sowohl für Berufstätige als auch für Studenten ein echter Gewinn.

Note Assist für Samsung Notes
Für alle, die gerne Notizen machen, deren Organisation aber mühsam ist, ist die Note Assist-Funktion des Galaxy S24 Ultra ein Segen. Sie kann Ihre Notizen durchsuchen, sie zusammenfassen und wichtige Informationen hervorheben. Darüber hinaus erstellt es Vorhersagevorlagen und organisiert Ihre Notizen auf der Grundlage Ihrer Verwendung. Es ist, als hätte man einen persönlichen Assistenten, der für Ordnung in den eigenen Gedanken sorgt.

Android Auto Assistenten
Autofahren und in Verbindung bleiben kann eine Herausforderung sein, aber Android Auto macht es zu einem Kinderspiel. Wenn sich Ihr Galaxy S24 im Android Auto-Modus befindet, fasst es Ihre Chats intelligent zusammen und zeigt Ihnen die wichtigsten Informationen auf einen Blick. Schnellantworttasten, Navigationseinstellungen und ETA-Sharing-Funktionen werden kontextabhängig auf der

Grundlage Ihrer letzten Nachrichten angeboten. Es geht darum, Ihre Fahrt sicherer und vernetzter zu machen.

WAS IST NEU AN ANDROID 14 OS

Was ist mit Android 14? Was ist neu und aufregend an diesem Update - schließlich baut Samsung darauf auf. Lassen Sie uns einen kurzen Blick darauf werfen. Mit Android 14 erreicht die Personalisierung neue Dimensionen. Haben Sie sich schon einmal einen dynamischeren Sperrbildschirm gewünscht? Jetzt können Sie ihn mit coolen neuen Sperrbildschirmvorlagen, einem schicken monochromen Thema und sogar Ultra HDR-Bildern aufpeppen. Und das ist noch nicht alles: Erstellen Sie mit Ihren Fotos Hintergrundbilder mit einem einzigartigen Parallaxen-Effekt, verwandeln Sie Ihre Lieblings-Emojis in Hintergründe im Comic-Stil, oder entdecken Sie die Welt der KI-generierten Hintergrundbilder, die aus Ihren eigenen Texteingaben erstellt werden. Es geht darum, Ihr Handy zu etwas Einzigartigem zu machen!

Verlängerte Batterielebensdauer
Unter der Haube wurde Android 14 für eine noch bessere Effizienz optimiert, wodurch der Akku Ihres Telefons einen dringend benötigten Schub erhält. Dank einer intelligenteren Handhabung von Hintergrundaufgaben und

Datenübertragungen hält Ihr Telefon mit einer einzigen Ladung länger durch. Außerdem gibt es wieder die praktische Funktion "Bildschirmzeit seit der letzten Vollladung", mit der Sie Ihre Nutzung leichter im Auge behalten können.

Lesbarkeit neu definiert
Für diejenigen, die größere Schriftarten benötigen, hat Android 14 eine Lösung parat. Sie können Schriftarten jetzt um bis zu 200 % vergrößern. Dank der cleveren nichtlinearen Skalierung bleibt Ihr Layout sauber und klar, was für Menschen mit Sehschwäche ein Segen ist.

Innovationen bei der Benachrichtigung
Android 14 führt Kamera- und Bildschirmblitze für Benachrichtigungen ein - eine Funktion, die ebenso hilfreich wie cool ist. Perfekt für Menschen mit Hörproblemen oder alle, die eine visuelle Benachrichtigung dem Ton oder der Vibration vorziehen. Passen Sie die Farbe des Display-Blitzes an Ihren Stil an!

Verbesserte Hörgeräteunterstützung
Gute Nachrichten für Hörgeräteträger! Android 14 behandelt Hörgeräte nicht einfach wie ein weiteres Bluetooth-Gerät, sondern gibt ihnen einen eigenen Bereich. Legen Sie fest, wo Ihre Töne abgespielt werden sollen - über Ihre Hörgeräte oder die Lautsprecher des Telefons. Und wenn Sie es lieben, die Lautstärke aufzudrehen, wird

Android 14 Sie sanft daran erinnern, Ihre Ohren zu schützen.

Mehr Kontrolle über Ihre Fotos und Videos
Android 14 respektiert Ihre Privatsphäre. Wählen Sie genau aus, auf welche Fotos und Videos eine App zugreifen darf, anstatt eine pauschale Genehmigung zu erteilen. Das ist eine durchdachte Funktion für alle, die ihre digitale Privatsphäre schätzen.

Verstärkte Sicherheit
Um Malware zu überlisten, blockiert Android 14 die Installation veralteter Apps, damit Sie sicherer sind. Verbesserte Unterstützung für biometrische Logins bedeutet, dass mehr Apps Passwörter zugunsten von sichereren, biometrischen Optionen aufgeben können.

PIN-Schutz perfektioniert
Halten Sie Ihre PIN mit Android 14 sicher und geheim. Deaktivieren Sie die Eingabeanimation für eine zusätzliche Sicherheitsebene, und wenn Ihre PIN sechs oder mehr Ziffern hat, wird sie sofort mit der letzten Ziffer entsperrt - keine "OK"-Taste mehr.

Datenschutz im digitalen Zeitalter
Android 14 ist auf der Hut und überwacht Apps und Spiele, die ihre Richtlinien zur Datenweitergabe ändern könnten. Es warnt Sie, wenn

sich der Umgang mit Ihren Daten ändert, damit Sie informiert bleiben und die Kontrolle behalten.

Passen Sie Ihre regionalen Vorlieben an
Ob es sich um die Temperatureinheit, den ersten Tag der Woche oder Ihr bevorzugtes Kalenderformat handelt, mit Android 14 können Sie diese Einstellungen systemweit festlegen. Sie bleiben sogar bei Sicherungs- und Wiederherstellungsprozessen erhalten.

Intuitiv navigieren
Mit den vorhersagenden Zurück-Gesten von Android 14 und dem neuen Zurück-Pfeil, der Ihr Design ergänzt, ist die Navigation auf Ihrem Telefon flüssiger als je zuvor. Jetzt wissen Sie immer, wohin ein Wisch Sie führt.

Optimierte gemeinsame Nutzung
Das Freigabemenü wird in Android 14 neu gestaltet. Erwarten Sie ein einheitlicheres Erlebnis in allen Apps, mit benutzerdefinierten Aktionen und intelligenten Vorschlägen, die das Teilen schneller und relevanter machen.

[2]
DER ÜBERBLICK

EINRICHTUNG

Die Einrichtung auf dem Samsung Galaxy dauert etwa 10 Minuten und erfolgt Schritt für Schritt - viele der Bildschirme sind auch nur Geschäftsbedingungen und andere Vereinbarungen. Es wäre überflüssig, Ihnen zu zeigen, wie Sie die Einrichtung vollständig durchführen, denn die Anweisungen sind eindeutig. Ich zeige Ihnen, welche Bildschirme Sie überspringen sollten und was genau (und warum) Sie nach bestimmten Dingen gefragt werden (und Sie können auch überspringen, wenn Ihnen das zu grundlegend ist).

Die Dinge beginnen ganz einfach mit dem Willkommen! Bildschirm. Tippen Sie auf Start, um die Einrichtung zu starten.

Nach einer Vereinbarungsseite werden Sie gefragt, wie Sie das Gerät einrichten möchten. Wenn Sie ein anderes Android- oder iPhone-Gerät haben, von dem Sie umziehen, können Sie Kontakte und andere Einstellungen übertragen; die manuelle Einrichtung ist ebenfalls sehr einfach.

✈

Easy setup with another device

Sign in automatically and copy settings, accounts, and more from another phone or tablet. Keep your other phone or tablet nearby and unlocked.

Galaxy or Android device

iPhone® or iPad®

Set up manually

‹

Nachdem Sie das WLAN eingerichtet haben, werden Sie nach Ihrem Mobilfunknetz gefragt. Wenn Sie eine SIM-Karte haben, können Sie sie hier von einem anderen Gerät übertragen; oder Sie können sogar nach Telefonplänen suchen. Sie haben noch keine Karte? Sie können es auch später einrichten.

Connect to a mobile network

Choose an option below or insert a SIM card to get connected.

Transfer SIM from another device

Scan QR code

Search for mobile plans

Set up later in Settings

Neben dem Kopieren von Kontakten können Sie auch Apps und Daten übertragen.

Copy apps & data

You can choose to transfer your apps, photos, contacts, Google Account, and more.

Es ist in Ordnung, alle diese Fragen zu überspringen, aber eine der nächsten Optionen ist die Anmeldung bei Ihrem Google-Konto: Ich empfehle, dies nicht zu überspringen. Wenn Sie kein Google-Konto haben, können Sie es kostenlos einrichten, und Sie benötigen es, um Apps aus dem Play Store zu erhalten.

Auf dem nächsten Bildschirm können Sie Gesichtserkennung, Fingerabdrücke, Pin und mehr aktivieren.

49% ▪

🔒

Protect your phone

Prevent others from using this phone
without your permission by setting a
screen lock.

Face recognition

Fingerprints

PIN

Password

Pattern

Skip

‹

Auch wenn Sie Ihr Telefon mit einem Fingerabdruck oder dem Gesicht entsperren möchten,
müssen Sie eine PIN hinzufügen. Dies dient dazu,
Ihr Telefon zu schützen, wenn eine dieser Optionen
nicht funktioniert.

Set secure screen lock first

For added security, before you can register
your face, you need to set a secure screen
lock (PIN, password, or pattern).

Skip   Next

Gegen Ende der Einrichtung werden Sie gefragt, ob Sie den hellen oder dunklen Modus verwenden möchten. Dadurch werden die Hintergründe einiger Bildschirme geändert. Die Helligkeit des Galaxy ist hervorragend, aber der dunkle Modus ist bei den meisten Lichtverhältnissen etwas besser lesbar.

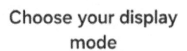

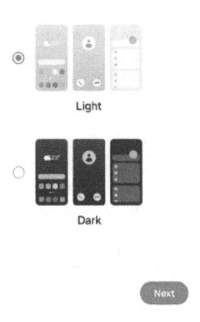

Choose your display mode

Light

Dark

Next

Das war's! Sobald Sie alle Bildschirme hinzugefügt haben, können Sie Ihr Telefon benutzen. Im nächsten Bildschirm sehen wir uns an, wie Sie sich auf dem Telefon zurechtfinden.

FINDEN SIE SICH ZURECHT

Die Leute kommen von allen möglichen Orten zum Samsung: iPhone, andere Android-Telefone, Flip-Telefone, zwei mit Schnur zusammengebundene Styroporbecher. Der nächste Abschnitt ist ein Crash-Kurs über die Benutzeroberfläche. Wenn Sie schon einmal mit Android gearbeitet haben, erscheint es Ihnen vielleicht etwas einfach, also überspringen Sie es, wenn Sie das alles schon kennen.

Wenn Ihnen das alles etwas überstürzt vorkommt, gibt es dafür einen guten Grund: Es ist so! Wir werden diese Punkte später noch ausführlicher behandeln. Dies ist nur eine kurze Einführung / Referenz.

Wenn Sie Ihren Hauptbildschirm zum ersten Mal sehen, werden Sie sechs Komponenten sehen. Diese sind (von oben nach unten): die BenachrichtigungsleisteWetter-Widget, Google Search App, Short Cuts Icons, FavoritenleisteNavigation.

Benachrichtigungen Leiste - Dies ist ein Pull-down-Menü (zum Erweitern nach unten schieben), in dem Sie alle Ihre Benachrichtigungen (z. B. neue E-Mails oder SMS) sehen und die Einstellungen schnell ändern können.

Wetter-Widget hinzufügen - Widgets sind wie Mini-Apps, die Informationen auf Ihrem Bildschirm anzeigen. Hier ist es das Wetter, aber sie können alles sein, von Google Mail bis hin zu Kalendern und Hunderten von Dingen dazwischen.

Google Search App - Die Google Search App ist ein weiteres Beispiel für ein Widget. Wie der Name schon sagt, kann sie Google nach Informationen durchsuchen, aber sie durchsucht auch Apps auf Ihrem Telefon.

Short-Cuts-Symbole - Dies sind Anwendungen, die Sie häufig verwenden und auf die Sie schnell zugreifen möchten.

Favoritenleiste - Diese sind wie Shortcuts, nur dass Sie sie auf allen Bildschirmen sehen. Sie können diesem Bereich alles hinzufügen, was Sie möchten, aber dies sind die Apps, von denen Samsung annimmt, dass Sie sie am häufigsten verwenden werden.

Navigationsleiste - Dies sind Verknüpfungen, mit denen Sie sich auf Ihrem Telefon bewegen können: die erste ist die Multitasking-Taste, mit der Sie schnell zwischen Anwendungen wechseln können; die nächste ist die Home-Taste, mit der Sie zum Startbildschirm zurückkehren können; und die letzte ist die Zurück-Taste, mit der Sie zum vorherigen Bildschirm zurückkehren können.

Worum geht es dabei? Ganz kurz, das sind die folgenden:

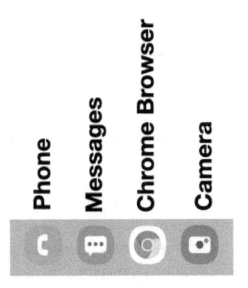

- **Telefon:** Willst du mal raten, was die Te-
lefontaste macht? Wenn du sagst, dass
es dir ein Eis bringt, dann bist du vielleicht nicht für ein Telefon geeignet.
Aber wenn Sie etwas sagen wie "Es startet eine App, um Leute anzurufen", dann
werden Sie mit Ihrem neuen Gerät keine
Probleme haben. Überraschung, Überraschung: Dieses teure Gerät, das Spiele
spielt, Fotos macht und dich über
politische Äußerungen in den sozialen
Medien auf dem Laufenden hält, kann
noch eine weitere interessante Sache: Es
ruft Leute an!

- **Nachricht**: Nachricht ist vielleicht etwas offener als "Telefon"; das könnte E-Mail-Nachrichten, Textnachrichten oder Nachrichten bedeuten, die Sie ständig an Ihrem Badezimmerspiegel erhalten, damit Sie den Toilettensitz herunterklappen. In diesem Fall bedeutet es "Textnachrichten" (aber wirklich - klappen Sie den Toilettensitz herunter... Sie tun damit niemandem einen Gefallen). Dies ist die App, die Sie immer dann verwenden werden, wenn Sie süße Katzenbilder per SMS versenden möchten.
- **Chrom**: Wann immer Sie im Internet surfen wollenwerden Sie Chrome verwenden. Es gibt zwar mehrere Apps, die das Gleiche tun - wie Firefox und Opera -, aber ich empfehle Chrome, bis Sie sich mit Ihrem Telefon vertraut gemacht haben. Ich persönlich halte es für die beste App für die Suche im Internet, aber Sie werden bald lernen, dass die meisten Dinge auf dem Telefon eine Frage der Vorlieben sind, und vielleicht finden Sie einen anderen Internetbrowser, der Ihren Bedürfnissen besser entspricht.
- **Kamera**: Diese Anwendung öffnet Bilder von alten Kameras...nur ein Scherz! So nehmen Sie Bilder auf Ihrem Telefon auf. Sie können die gleiche App auch für Videos verwenden.

BENACHRICHTIGUNGEN BAR

Neben der Shortcut-Leiste ist die Benachrichtigungsleiste der Bereich, den Sie am häufigsten verwenden werden. Hier erhalten Sie, Sie haben es erraten, Benachrichtigungen! Was ist eine Benachrichtigung? Das ist jede Art von Benachrichtigung, die Sie erhalten möchten. Einige Beispiele: SMS-Benachrichtigungen, E-Mail-Benachrichtigungen, gelbe Warnmeldungen und Apps, die Updates anbieten.

Wenn Sie Ihren Finger von der Benachrichtigungsleiste nach unten ziehen, wird eine Liste mit verschiedenen Einstellungen angezeigt, die Sie anpassen können. Halten Sie eine dieser Optionen gedrückt und Sie öffnen eine App mit noch mehr Optionen.

Von rechts nach links sind dies die Optionen, die Sie ändern oder verwenden können:

- Wi-fi
- Ton (Tippen Sie auf , um Töne stumm zu schalten)

- Bluetooth
- Sperren des Geräts gegen automatische Drehung
- Flugzeugmodus (der Wi-Fi und Bluetooth ausschaltet))
- Taschenlampe

Wenn Sie weiter nach unten ziehen, erweitert sich dieses dünne Menü und es gibt ein paar weitere Optionen.

Die erste befindet sich am unteren Rand des Bildschirms - es ist der Schieberegler, der Ihr Gerät heller oder dunkler macht, je nachdem, wohin Sie ihn ziehen.

Darüber befinden sich mehrere Steuerelemente. Viele dieser Steuerelemente sind nur ein Ein / Aus-Schalter, aber einige können Sie lange drücken, um erweiterte Optionen zu sehen. Einige werden offensichtlicher sein als andere, aber ich werde schnell durch jedes gehen, beginnend von oben links.

- Wi-Fi - Tippen Sie auf , um Wi-Fi auszuschalten; drücken Sie lange, um Netzwerke zu ändern und die Wi-Fi-Einstellungen anzuzeigen.
- Ton - Tippen Sie auf , um den Ton auszuschalten; drücken Sie lange, um die Toneinstellungen anzuzeigen.
- Bluetooth - Schaltet Bluetooth aus; lange drücken, um eine Verbindung mit einem Gerät herzustellen oder die Bluetooth-Einstellungen anzuzeigen.
- Automatische Drehung - Tippen Sie auf , um die Ausrichtung des Geräts zu fixieren. Wenn Sie das Gerät drehen, wird der Bildschirm nicht gedreht.
- Flugzeugmodus - schaltet Funktionen wie Wi-Fi, Mobilfunk und Bluetooth aus.
- Blitzlicht - Schaltet den Blitz Ihrer Kamera ein, damit Ihr Telefon als Taschenlampe dient.
- Mobile Daten - Wenn Sie manuell steuern möchten, ob Ihr Telefon mobile Daten

oder Wi-Fi verwendet, können Sie diese Option aktivieren. Dafür gibt es viele Gründe. Manchmal ist die Wi-Fi-Verbindung zu schwach und Sie möchten ausschließlich mobile Daten verwenden - aber Vorsicht: Je nachdem, was Sie tun, können mobile Daten Ihren Datentarif sehr schnell aufbrauchen.

- Mobiler Hotspot - Wenn Sie diese Option aktivieren, kann Ihr Telefon als Hotspot fungieren (so dass andere Geräte die Datenverbindung Ihres Telefons nutzen können, um sich mit dem Internet zu verbinden); ich persönlich nutze dies oft, um unterwegs eine Verbindung zu meinem Laptop herzustellen. Einige Anbieter berechnen für diesen Dienst zusätzliche Gebühren. Sie sollten auch vorsichtig sein, da dies zu Daten-gebühren führt; wenn Sie jemandem er-lauben, die Datenverbindung zu nutzen, und dieser einen Film streamen möchte, werden Ihre Daten schnell aufgebraucht sein. Wenn Sie lange darauf drücken, werden erweiterte Einstellungen an-gezeigt.

- Energiesparmodus - schaltet einen Ener-giesparmodus ein, der die Lebensdauer Ihres Telefons verlängert. Wenn Ihr Akku leer ist und Sie kein Ladegerät in der Nähe haben, können Sie so die

Lebensdauer Ihres Telefons verlängern. Wenn Sie lange darauf drücken, werden erweiterte Energiesparfunktionen angezeigt.

- Standort - Wenn Sie diese Option ein- oder ausschalten, können Apps Ihren Standort sehen. Wenn Sie beispielsweise eine Karte für eine Wegbeschreibung verwenden, erhält die App die Erlaubnis zu sehen, wo Sie sich befinden. Durch langes Drücken werden erweiterte Standorteinstellungen angezeigt.
- Mit Windows verknüpfen - Wenn Sie einen Windows-Computer haben, können Sie mit dieser Funktion Benachrichtigungen an Ihren verknüpften Windows-Computer senden.
- Bildschirmrekorder - Mit dieser Option können Sie ein Video von dem erstellen, was auf Ihrem Bildschirm zu sehen ist; Sie können eine Anleitung für etwas erstellen oder sogar ein Spiel aufnehmen. Wenn Sie lange drücken, werden erweiterte Einstellungen angezeigt.

Wenn Sie wischen, sehen Sie noch mehr Optionen, aus denen Sie wählen können.

- DeX - DeX verwandelt Ihr Telefon in einen Desktop, wenn Sie es an einen HDMI-Monitor anschließen.
- Intelligente Ansicht - ermöglicht die Spiegelung des Bildschirms (oder des Tons) auf andere Geräte (z. B. Google Home).
- Teilen in der Nähe - Ermöglicht das Teilen von Fotos und Dokumenten mit Telefonen in Ihrer Nähe.
- Augenschutz - Wenn Sie diese Funktion einschalten, wird das blaue Licht auf Ihrem Telefon ausgeschaltet; es verleiht Ihrem Telefon einen bräunlicheren Farbton. Der Blick auf blaues Licht kann das Einschlafen erschweren, daher wird empfohlen, diese Funktion nachts einzuschalten.
- Nicht stören - Schaltet Benachrichtigungen aus, so dass Sie keine Nachrichten oder Anrufe erhalten (sie werden direkt an die Mailbox weitergeleitet); langes Drücken erweitert die Nicht stören-Einstellungen.

- Dunkler Modus - Gibt Menüs und einigen Anwendungen einen schwarzen statt weißen Hintergrund. Langes Drücken zeigt erweiterte Einstellungen an.

Samsung hat viele Optionen gestrichen, von denen sie wahrscheinlich dachten, dass sie entweder nicht oder nicht so oft genutzt werden. Aber sie sind immer noch da. Tippen Sie auf dem letzten Benachrichtigungsbildschirm auf das +-Symbol und Sie sehen weitere Optionen, die Sie hinzufügen können.

Es gibt zwei Bildschirme mit zusätzlichen Schaltflächen (tippen Sie auf sie und ziehen Sie sie auf Ihre Benachrichtigungsleiste, um sie hinzuzufügen). Der erste Bildschirm zeigt:

- NFC - Wenn Sie vorhaben, Ihr Handy mit Kreditkarten zu bestücken, um an der Kasse drahtlos zu bezahlen, stellen Sie sicher, dass NFC aktiviert ist. Durch langes Drücken werden erweiterte Einstellungen angezeigt.

- Musikfreigabe - Teilt die Musik, die Sie gerade hören, damit Sie sie gemeinsam hören können. Durch langes Drücken werden erweiterte Einstellungen angezeigt.
- Synchronisieren - Synchronisiert Ihr Gerät mit anderen Geräten.
- Live-Untertitel - Dies wird etwas später behandelt, aber wenn Sie diese Funktion aktivieren, können Sie Ihren Videos Untertitel hinzufügen.
- Immer eingeschaltetes Display - Ihr Display ist immer eingeschaltet, wenn diese Funktion aktiviert ist. Durch langes Drücken werden erweiterte Einstellungen angezeigt.
- Bixby Routinen - Richtet Bixby ein. Durch langes Drücken werden erweiterte Einstellungen angezeigt.
- Schnellfreigabe - Mit dieser Option können Sie Fotos, Videos und andere Dateien drahtlos mit einem anderen Gerät teilen. Durch langes Drücken werden erweiterte Einstellungen angezeigt.
- Secure Wi-Fi - Erzeugt eine sichere Verschlüsselung bei der Nutzung öffentlicher und privater drahtloser Netzwerke.

Auf dem nächsten Bildschirm mit den Benachrichtigungsoptionen sehen Sie Folgendes:

- Fokusmodus - Ermöglicht das Einstellen von Timern und das Ausschalten bestimmter Apps für einen bestimmten Zeitraum, damit Sie sich nicht ablenken lassen. Durch langes Drücken werden erweiterte Einstellungen angezeigt.
- Kids Home - Schaltet den Kindermodus ein, der Ihrem Gerät eine kinderfreundliche Benutzeroberfläche verleiht und verschiedene Apps deaktiviert.
- Verbesserte Prozession - Ein Modus, der den Akku schont, indem er die Geschwindigkeit Ihres Telefons verringert.
- Drahtlose Stromfreigabe - Wenn Sie diese Option antippen, können Sie ein anderes drahtloses Gerät (z. B. eine Uhr oder ein anderes Telefon) drahtlos mit Strom versorgen; Ihr Telefon dient im Wesentlichen als drahtloses Ladegerät

für dieses andere Gerät. Wenn Sie lange darauf drücken, werden die PowerShare-Einstellungen aufgerufen.

- Anrufe und SMS und andere Geräte
- Sicherer Ordner - Erstellt einen sicheren Ordner für Ihre Geräte, so dass Sie bestimmte Anwendungen und Dokumente mit einem Passwort schützen können.
- QR-Code scannen - Auf Flugblättern ist manchmal ein QR-Code zu sehen, den Sie scannen können, um zu sehen, wohin der Code verweist.
- Dolby Amos - Wenn Sie diese Option aktivieren, erhält Ihr Gerät einen hervorragenden Dolby Amos-Sound. Durch langes Drücken werden erweiterte Einstellungen angezeigt.

Im Benachrichtigungsbereich sehen Sie außerdem zwei Optionen für Medien und Geräte.

Mit Media können Sie Musik und Videos auf anderen Geräten steuern.

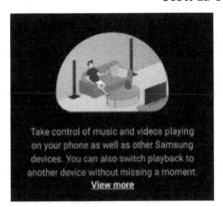

Über Geräte können Sie eine Verbindung zu Geräten mit Bluetooth und sehen, mit welchen Geräten Sie bereits verbunden sind.

Oben befindet sich eine Handvoll weiterer Bedienelemente.

Über die Schaltfläche config können Sie die erweiterten Einstellungen für Benachrichtigungen aufrufen.

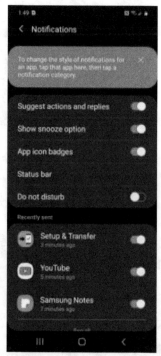

Mit der Power-Taste können Sie Ihr Gerät neu starten oder ausschalten.

SCHNELL UNTERWEGS SEIN

Wie bereits erwähnt, ist der untere Teil des Bildschirms der Navigationsbereich, in dem Sie sich bewegen.

Das ist nett, aber besser ist es, Gesten für die Navigation auf dem Telefon einzurichten. Hier können Sie diesen Bereich deaktivieren, um etwas mehr Bildschirmfläche zu erhalten.

Um sie zu ändern, wischen Sie vom unteren Rand des Bildschirms nach oben (dadurch werden alle Ihre Apps angezeigt) und tippen Sie dann auf Einstellungen. Gehen Sie dann zur Option "Anzeige".

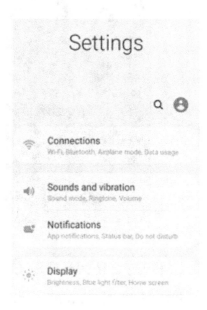

Führen Sie in den Anzeigeoptionen einen Bildlauf nach unten durch, bis Sie zur Navigationsleiste gelangen, und tippen Sie dann auf diese.

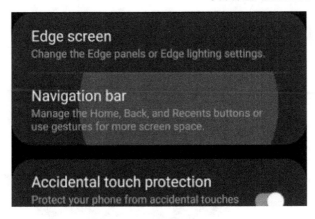

Wählen Sie im Menü der Navigationsleiste die Option Vollbildgesten.

Toll! Es ist weg! Aber was sind die Gesten?!
Bevor du die Einstellungen verlässt, bekommst du
eine kleine Vorschau, wie sie funktionieren, aber
hier ist eine Zusammenfassung:

- Wischen Sie nach oben und lassen Sie
  los, um von jeder App zum Startbildschirm zu gelangen.
- Wischen Sie nach oben und halten Sie die
  Taste gedrückt, um Multitasking aufzurufen.

- Wischen Sie vom unteren Rand des Bildschirms nach rechts oder links, um vorwärts oder rückwärts zu gehen.

Sie erinnern sich vielleicht daran, dass Sie durch Wischen von unten nach oben alle Ihre Apps sehen konnten. Diese Geste kehrt nun zum Startbildschirm zurück. Wie können Sie also alle Ihre Apps sehen? Wischen Sie auf dem Startbildschirm in der Mitte des Bildschirms nach oben, um sie anzuzeigen.

Wenn es darum geht, sich auf Ihrem Samsung zurechtzufinden, ist das Erlernen der Verwendung von Gesten die schnellste und effektivste Methode. Sie können einige der Gestenoptionen ändern, indem Sie zu System > Gesten > Systemnavigation gehen.

Die wichtigste Geste ist, wie man zum Startbildschirm zurückkehrt - schließlich gibt es keine Tasten. Das ist am einfachsten zu merken: Wischen Sie vom unteren Rand des Bildschirms nach oben.

MULTITASKING

Das sind die Gesten, die man sich leicht merken kann. Wenn Sie sich jedoch schnell bewegen möchten, müssen Sie die beiden großen Multitasking-Gesten kennen, mit denen Sie zwischen Anwendungen wechseln können.

Als Erstes können Sie Ihre geöffneten Apps anzeigen. Wischen Sie dazu nach oben, als würden Sie zum Startbildschirm gehen, aber fahren Sie bis etwa zur Mitte des Bildschirms und halten Sie dann an und heben Sie Ihren Finger an - machen Sie keine schnelle Wischgeste nach oben, wie Sie es tun würden, wenn Sie zum Startbildschirm gehen. Daraufhin wird eine Vorschau aller geöffneten Anwendungen angezeigt, zwischen denen Sie hin- und herwischen können. Tippen Sie auf die App, die Sie öffnen möchten.

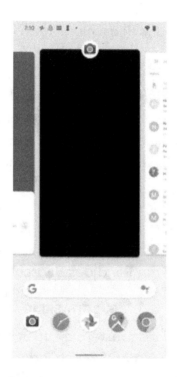

Am schnellsten können Sie jedoch zwischen zwei oder drei Apps hin- und herwechseln, indem Sie am unteren Rand des Bildschirms von links nach rechts wischen. Damit wechseln Sie zwischen den Apps in der Reihenfolge, in der Sie sie verwendet haben.

VERGRÖßERN

Sie möchten den Text größer sehen? Es gibt zwei Möglichkeiten, dies zu tun. Hinweis: Dies funktioniert bei vielen, aber nicht bei allen Anwendungen.

Die erste Möglichkeit ist das Aufziehen zum Zoomen.

r with the Additic
: between you an
es. It is importan
Collectively, this l
s".

etween what the
al Terms say, ther
elation to that Se

Die zweite Möglichkeit ist, doppelt auf den Text zu tippen.

DREHEN SIE

Sie haben wahrscheinlich schon bemerkt, dass sich der Bildschirm dreht, wenn Sie Ihr Telefon drehen. Was aber, wenn Sie nicht den gesamten Bildschirm drehen möchten? Das können Sie ganz einfach ausschalten. Wischen Sie nach unten und tippen Sie dann auf die Schaltfläche "Pfeile", um sie zu aktivieren oder zu deaktivieren.

RANDLEISTE

Eines der herausragenden Merkmale von Samsung-Geräten ist die Nutzung aller Bereiche des Telefons... bis hin zum Rand.

Mit der Edge-Leiste können Sie schnell auf Menüs zugreifen, egal wo Sie sich auf dem Telefon befinden. Um darauf zuzugreifen, wischen Sie von der Seite des Bildschirms oben nach links; der Umriss der Edge-Leiste ist auf dem Startbildschirm gerade noch zu sehen. Sie befindet sich direkt neben der Taste zum Verringern der Lautstärke und reicht bis knapp über die Taste zum Erhöhen der Lautstärke.

Wenn Sie nach rechts streichen, wird ein Seitenmenü angezeigt.

In der unteren linken Ecke können Sie auf das Symbol mit der Aufzählung klicken, um alle Menüs der Edge-Leiste anzuzeigen.

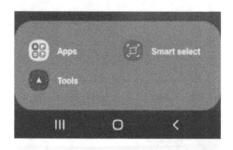

Durch Streichen nach rechts und links können Sie zwischen ihnen hin- und herschalten.

Wenn Sie auf das Konfigurationssymbol in der linken unteren Ecke klicken, können Sie die angezeigten Menüs in der Randleiste aktivieren und deaktivieren.

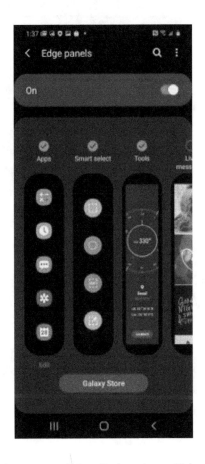

Um eine App zum Menü der App-Edge-Leiste hinzuzufügen, tippen Sie einfach auf das Symbol +.

Um eine App zu entfernen, tippen und halten Sie das Symbol und ziehen Sie es dann zum Entfernen.

Smart select ist ein Tool zum Erstellen von Screenshots und GIFs (kleine animierte Bilder).

Mit Rechteck wird ein ausgewählter
rechteckiger Bereich des Bildschirms erfasst.

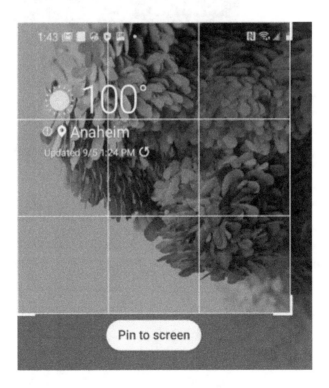

Sie können auch auf eine Seite wie YouTube gehen, wo dieses Tool automatisch das Video findet und es aufnimmt, um ein GIF zu erstellen. Verwenden Sie dazu das Symbol für die GIF-Aufnahme.

Mit dem ovalen Werkzeug wird das Capture in eine kreisförmige Form gebracht.

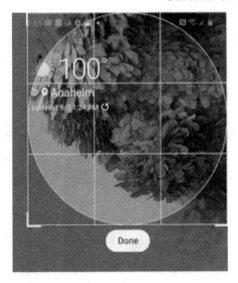

Wie der Name schon sagt, enthält die Werkzeugleiste eine Reihe von Werkzeugen, die Sie zusammen mit Ihrem Telefon verwenden können. Sie helfen Ihnen, Messungen vorzunehmen, Tabellen zu führen und sie als Taschenlampe oder Kompass zu verwenden.

[3]

ANPASSEN DES TELEFONS

Dieses Kapitel behandelt:
- Bildschirme anpassen
- Geteilte Bildschirme
- Gesten

HÜBSCHE BILDSCHIRME HERSTELLEN

Wenn Sie schon einmal ein iPhone oder iPad benutzt haben, dann ist Ihnen vielleicht aufgefallen, dass der Bildschirm ein wenig... kahl aussieht. Es gibt nur ein paar Tasten darauf. Vielleicht gefällt Ihnen das. Wenn ja, dann gut für dich! Fahren Sie fort. Wenn Sie den Bildschirm mit Tastenkombinationen und Widgets verschönern möchten, lesen Sie weiter.

HINZUFÜGEN VON VERKNÜPFUNGEN

Wenn ein Menü angezeigt wird, ziehen Sie es nach oben, bis der Bildschirm erscheint, und verschieben Sie es an die gewünschte Stelle.

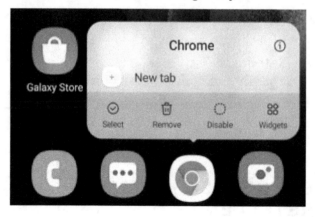

Um eine App von einem Bildschirm zu entfernen, tippen Sie auf und halten Sie die Taste gedrückt, tippen Sie dann im Popup-Fenster auf Entfernen.

WIDGETS

Shortcuts sind nett, aber Widgets sind besser. Widgets sind eine Art Miniprogramme, die auf Ihrem Bildschirm laufen. Ein häufig genutztes Widget auf dem Bildschirm ist die Wettervorhersage. Im Laufe des Tages wird das Widget automatisch mit aktuellen Informationen aktualisiert.

Es ist ein so beliebtes Widget, dass Samsung die Option auf dem Startbildschirm platziert hat und Sie es nur antippen müssen, um es einzurichten.

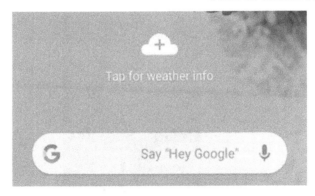

Sobald Sie Ihre Stadt hinzugefügt haben, wird sie automatisch angezeigt. Wenn Sie darauf klicken, öffnet sich die App.

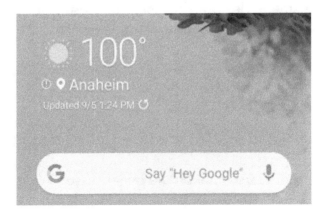

Das Wetter ist schön, aber es gibt viele Widgets, die Sie zu Ihrem Startbildschirm hinzufügen können. Wie bekommt man sie?

Es gibt tatsächlich eine Verknüpfung, wenn Sie auf eine App mit Widget-Funktionen tippen und diese gedrückt halten (nicht alle haben diese).

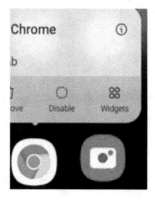

Wenn Sie alle verfügbaren Widgets sehen möchten, halten Sie Ihren Finger in der Mitte des Bildschirms gedrückt. Dadurch wird das Optionsmenü des Startbildschirms angezeigt. Tippen Sie auf das Symbol Widgets Symbol.

Hier werden Ihnen die beliebtesten Widgets angezeigt, aber wenn Sie wissen, was Sie wollen, können Sie auch einfach danach suchen.

Für dieses Beispiel habe ich nach Google Mail gesucht, von dem ich weiß, dass es ein Widget hat. Ich tippe es an und kann dann auswählen, wo ich es auf dem Bildschirm haben möchte.

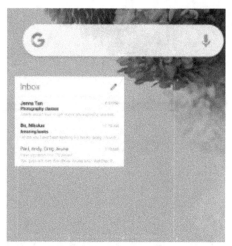

Wenn du auf das Widget tippst, siehst du kleine Punkte an der Seite. Damit kannst du es größer oder kleiner machen. Ziehen Sie es einfach auf die gewünschte Breite und Höhe.

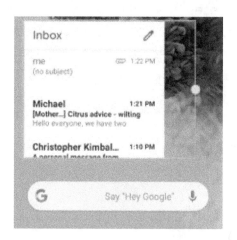

Um ein Widget zu entfernen, tippen und halten Sie es einfach. Tippen Sie im Pop-up-Fenster auf Von der Startseite entfernen.

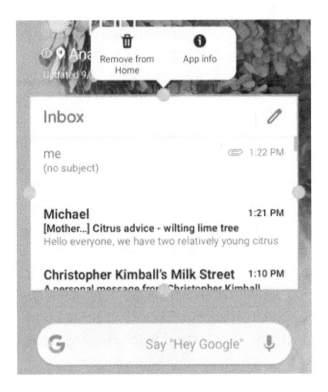

HINTERGRUNDBILD

Das Hinzufügen von Hintergrundbildern zu Ihrem Bildschirm erfolgt auf ähnliche Weise. Tippen Sie mit dem Finger auf den Startbildschirm und halten Sie ihn gedrückt; wenn das Menü angezeigt wird, wählen Sie Hintergrundbild anstelle von Widgets.

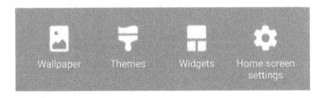

Im Menü "Hintergrundbilder" haben Sie einige Auswahlmöglichkeiten:

- Meine Hintergrundbilder - Dies sind Hintergrundbilder, die Sie gekauft haben oder die Samsung vorlädt.
- Galerie - Bilder, die Sie aufgenommen haben.
- Entdecken Sie mehr Tapeten - Wo Sie Tapeten kaufen können.
- Farbpalette - Hier können Sie eine Farbpalette auswählen, die auf dem von Ihnen gewählten Hintergrundbild basiert.

Tapeten kosten normalerweise einen Dollar. Das ist kein absurder Betrag, aber Sie können auch im Internet nach individuellen Hintergrundbildern suchen die kostenlos erhältlich sind.

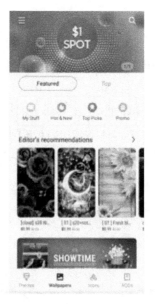

Die von Samsung angebotenen Hintergrundbilder sollten Sie nicht übersehen. Es gibt eine Menge zur Auswahl.

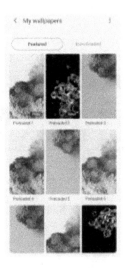

VIDEO-HINTERGRUNDBILD

Mit One UI 5.1 wurde die Möglichkeit hinzugefügt, Videohintergründe hinzuzufügen; dies funktioniert nur auf dem Sperrbildschirm, nicht auf dem Startbildschirm. Sie fügen Videohintergründe auf die gleiche Weise wie normale Fotos zu Ihrem Sperrbildschirm hinzu; der einzige Unterschied ist, dass Sie stattdessen ein Video auswählen.

THEMEN

Die Auswahl von Hintergrundbildern für Ihr Telefon verleiht ihm etwas mehr Persönlichkeit, aber

Themen helfen bei der Feinabstimmung der Anpassung. Sie können Symbolformen, Schriftarten und mehr auswählen.

Um darauf zuzugreifen, halten Sie auf dem Startbildschirm gedrückt und wählen Sie dann Themen.

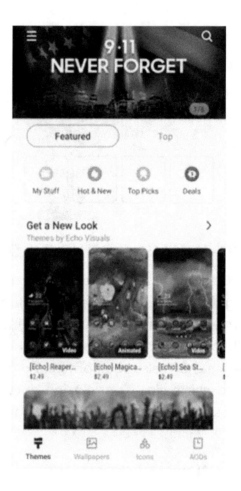

SAMSUNG FREI

Samsung Free ist so etwas wie eine Zusammenfassung Ihres Tages und tägliche Empfehlungen für Dinge, die Sie herunterladen können. Sie können es sehen, indem Sie auf Ihrem Startbildschirm nach links wischen.

Es ist nicht die schlechteste Funktion des Telefons, aber viele Leute sehen darin keinen wirklichen Nutzen. Wenn Sie sie lieber nicht sehen möchten, tippen Sie auf den Startbildschirm, halten Sie sie gedrückt und wischen Sie nach links, wenn Sie die

Startoptionen sehen. In der Samsung Daily Vorschau schalten Sie den Schalter auf Aus.

Standardmäßig ist möglicherweise Google Discover aktiviert; Google Discover ist das Google-Äquivalent zu Samsung Free.

HINZUFÜGEN VON BILDSCHIRMEN

Das Hinzufügen von Bildschirmen für noch mehr Shortcuts und Widgets ist ganz einfach. Tippen und halten Sie den Startbildschirm und wischen Sie nach rechts.

Klicken Sie dann auf das +-Symbol, um einen Bildschirm hinzuzufügen. Wenn Sie zu Ihrem Startbildschirm zurückkehren, können Sie nach rechts wischen und beginnen, Verknüpfungen und Widgets zu diesem hinzuzufügen.

STARTBILDSCHIRM-EINSTELLUNGEN

Um auf weitere Einstellungen des Startbildschirms zuzugreifen, tippen Sie auf den

Startbildschirm, halten Sie ihn gedrückt und tippen Sie dann auf das Symbol Einstellungen des Startbildschirms konfigurieren.

Der erste Bereich, den Sie wahrscheinlich ändern möchten, ist das Layout des Startbildschirms.

Das Raster des Startbildschirms ist auch nützlich, wenn Sie die Bildschirmfläche besser ausnutzen möchten; es passt die Größe/Platzierung der Symbole an, um mehr oder weniger Symbole auf dem Bildschirm unterzubringen.

Der Rest der Einstellungen sind nur Kippschalter.

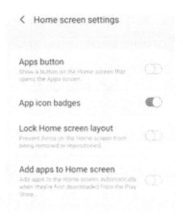

EIN ODER ZWEI WORTE ÜBER MENÜS

Es ist ziemlich intuitiv, dass die App geöffnet wird, wenn man auf ein Symbol tippt. Was nicht so offensichtlich ist, ist, dass es andere Optionen gibt, wenn Sie tippen und halten. Jede App ist anders. In der Regel handelt es sich um Verknüpfungen - wenn du zum Beispiel auf das Telefon-Symbol tippst und es gedrückt hältst, werden deine Favoriten angezeigt; wenn du dasselbe über der Kamera tust, wird eine Verknüpfung zum Selfie-Modus angezeigt. Tippen Sie auf Ihre Lieblings-Apps und halten Sie sie gedrückt, um zu sehen, welche Verknüpfungen verfügbar sind.

SPLIT-BILDSCHIRME

Das Samsung-Telefon gibt es in verschiedenen Größen; ein größerer Bildschirm bietet natürlich viel mehr Platz, was die Aufteilung von Apps zu einer ziemlich praktischen Funktion macht. Es funktioniert auch auf dem kleineren Samsung, obwohl es sich auf dem kleineren Bildschirm nicht so effektiv anfühlt.

Um diese Funktion zu nutzen, wischen Sie nach oben, um Multitasking aufzurufen; tippen Sie dann auf das Symbol über dem Fenster, das Sie in einen geteilten Bildschirm verwandeln möchten (Hinweis: Diese Funktion wird nicht von allen Apps unterstützt); wenn der geteilte Bildschirm verfügbar ist, wird ein Menü mit einer Option für den geteilten Bildschirm angezeigt.

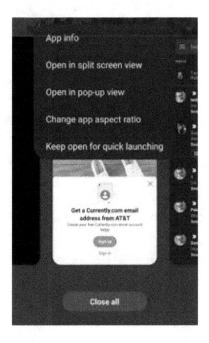

Wenn Sie auf "Bildschirm teilen" tippen, können Sie nach links und rechts streichen, um die App zu finden, mit der Sie den Bildschirm teilen möchten. Tippen Sie auf die gewünschte App.

Ihr Bildschirm ist nun in zwei Teile geteilt.

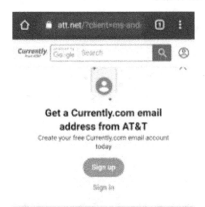

Der dünne blaue Balken in der Mitte ist anpassbar; Sie können ihn nach oben oder unten verschieben, damit eine der Anwendungen mehr Bildschirmfläche erhält.

Um diesen Modus zu beenden, ziehen Sie die schwarze Leiste entweder ganz nach oben oder ganz nach unten, bis eine der Anwendungen vollständig verschwindet.

MULTITASKING: POP-UP-ANSICHT

In der Pop-Up-Ansicht kann der Benutzer einen Fensterrahmen an den Rand des Bildschirms ziehen, um wieder in den Vollbildmodus zu wechseln.

GESTEN

Samsung hat einige Gesten in das Gerät eingebaut, auf die Sie zugreifen können, indem Sie die Einstellungs-App aufrufen und dann auf Erweiterte Funktionen klicken.

Der erste Bereich, den Sie sich ansehen sollten, sind Bewegungen und Gesten.

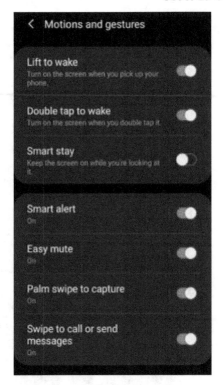

Dies sind alles Kippschalter, deren Funktionsweise Sie in einer Vorschau sehen können, indem Sie auf den Titel der Geste tippen.

Die andere Einstellung ist für den einhändigen Modus. Dieser ist standardmäßig ausgeschaltet. Wenn Sie sie einschalten, sehen Sie die verfügbaren Optionen.

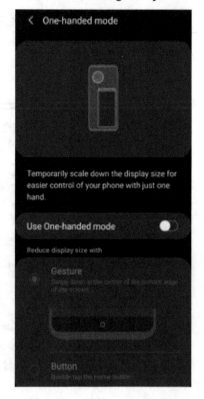

[4]

DIE GRUNDLAGEN

Nun, da Sie Ihr Telefon eingerichtet haben und sich mit den grundlegenden Funktionen des Geräts auskennen, gehen wir die Apps durch, die Sie am häufigsten verwenden werden und die sich derzeit in Ihrer Verknüpfungs- oder Favoritenleiste befinden:

- Telefon
- Nachrichten
- Chrom

Ist Ihnen aufgefallen, dass Kamera nicht auf dieser Liste steht? Es gibt eine Menge über die Kamera zu berichten, daher werde ich sie in einem separaten Kapitel behandeln. Stattdessen werde ich den Google Play Store behandeln, damit Sie mit dem Herunterladen von Apps beginnen können.

Bevor wir dazu kommen, müssen Sie etwas wissen: wie Sie Anwendungen öffnen können, die sich nicht in Ihrer Lieblingsleiste befinden. Das ist ganz einfach. Wischen Sie auf dem Startbildschirm von der Mitte des Bildschirms nach oben. Siehst du das Menü, das jetzt angezeigt wird? Dort befinden sich alle zusätzlichen Apps.

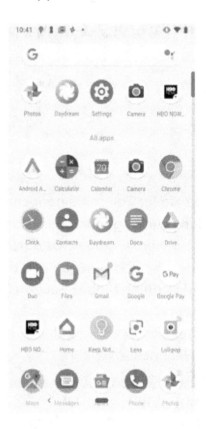

AI

KI (künstliche Intelligenz) ist auf dem Galaxy-Telefon von großer Bedeutung. Ich werde auf einige der vielen Einsatzmöglichkeiten eingehen (und darauf, wie man sie ausschaltet), aber zur Einführung sollten Sie wissen, dass Sie, wenn Sie das folgende Symbol sehen, etwas tun können, das mit KI zu tun hat (von

Text übersetzen bis hin zur Bearbeitung eines Bildes).

ANRUFE TÄTIGEN

Also... wen wirst du anrufen? Ghostbusters?! Du wärst der tollste Mensch der Welt, wenn Ghostbusters in deinen Telefonkontakten wäre! Aber bevor Sie diese Nummer in Ihren Kontakten finden können, sollten Sie wissen, wie man einen Kontakt hinzufügt, einen Kontakt findet, einen Kontakt bearbeitet und Kontakte in Gruppen zusammenfasst, oder? Bevor wir also zum Telefonieren kommen, gehen wir in kleinen Schritten vor und behandeln die Kontakte.

KONTAKTE

Öffnen wir also die Kontakte-App, um loszulegen. Siehst du sie? Nicht in deiner Lieblingsleiste, richtig? Wo ist sie dann?! Deshalb habe ich dir vorhin gezeigt, wie du zu weiteren Apps gelangst. Streichen Sie von der Mitte Ihres Startbildschirms nach oben und streichen Sie weiter, bis das gesamte Menü angezeigt wird.

Es ist alphabetisch geordnet, also ist die Kontakte-App in den Cs. Es sieht so aus:

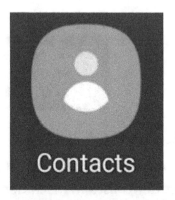

Wenn Sie Ihr E-Mail-Konto hinzugefügt haben, haben Sie wahrscheinlich schon viele Kontakte gespeichert. Vielleicht Hunderte! Es wird eine Nachricht über das Zusammenführen von Kontakten geben - das liegt an Ihnen.

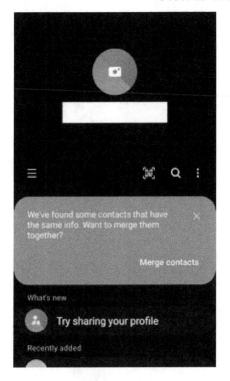

Sie können entweder nach dem Kontakt suchen, indem Sie auf die Lupe klicken, langsam scrollen oder auf die rechte Seite der App gehen und scrollen - so können Sie schnell nach Buchstaben scrollen. Streichen Sie einfach mit dem Finger, bis Sie den Buchstaben des gewünschten Kontakts sehen, und halten Sie dann an.

Aber ich greife mir selbst vor! Bevor man scrollen kann, sollte man wissen, wie man einen Kontakt hinzufügt, damit es Leute gibt, zu denen man scrollen kann. Um einen Kontakt hinzuzufügen, tippen Sie auf das Pluszeichen.

Bevor Sie den Kontakt hinzufügen, werden Sie gefragt, wo er gespeichert werden soll - in Ihrem Samsung-Konto, auf dem Telefon oder bei Google. Das ist ganz Ihnen überlassen, aber das Speichern bei Google könnte Ihnen einige Probleme ersparen, wenn Sie in Zukunft zu einem anderen Telefonhersteller wechseln.

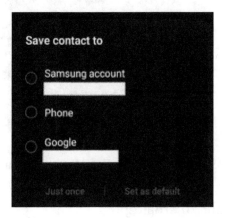

Das Hinzufügen einer Person ähnelt eher einer Bewerbung um eine Stelle als dem Hinzufügen eines Kontakts. Es gibt Reihen und Reihen von Feldern!

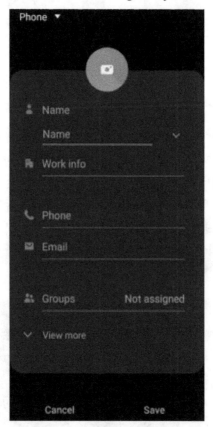

Falls Sie von all den Feldern noch nicht überwältigt sind, können Sie auf weitere Felder tippen, um noch mehr zu erhalten!

Das Wichtigste, was Sie wissen müssen: Die Felder sind optional! Sie können einen Namen und eine E-Mail-Adresse hinzufügen, das war's. Sie müssen nicht einmal die Telefonnummer angeben. Wenn Sie sie anrufen möchten, wäre das aber sicher hilfreich.

Wenn es Ihnen schwer fällt, sich an die Personen zu erinnern, können Sie auch ein Foto machen oder ein bereits vorhandenes Bild hinzufügen. Das ist besonders praktisch, wenn Sie acht Kinder haben und nicht mehr wissen, ob Joey der Blondschopf oder der Rothaarige ist. Tippen Sie einfach oben auf das Kamerasymbol und dann entweder auf Galerie (um ein bereits aufgenommenes Foto zuzuweisen) oder Kamera (um ein Foto von ihnen zu machen). Sie können auch eines der Avatar-Symbole von Samsung verwenden.

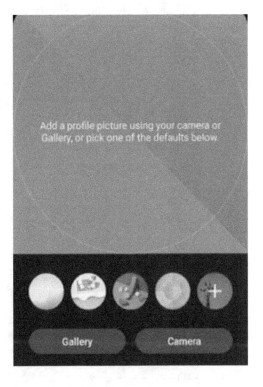

Wenn Sie fertig sind, tippen Sie auf die Schaltfläche Speichern.

BEARBEITEN EINES KONTAKTS

Wenn Sie eine E-Mail hinzufügen und später entscheiden, dass Sie eine Telefonnummer hinzufügen sollten, oder wenn Sie etwas anderes bearbeiten möchten, suchen Sie einfach den Namen in Ihren Kontakten und tippen Sie ihn einmal an. Dadurch werden alle Informationen angezeigt, die Sie bereits hinzugefügt haben.

Gehen Sie zum unteren Rand des Bildschirms und tippen Sie auf die Schaltfläche "Bearbeiten".

Dadurch wird der Kontakt bearbeitbar. Gehen Sie zu dem von Ihnen gewünschten Feld und aktualisieren Sie es. Wenn Sie fertig sind, tippen Sie bitte auf Speichern.

EINEN KONTAKT FREIGEBEN

Wenn Sie Ihr Telefon lange genug in der Hand haben, wird Sie jemand nach der Telefonnummer von so und so fragen. Die altmodische Methode war, sie aufzuschreiben. Aber Sie haben ein Smartphone, also sind Sie nicht altmodisch!

Die neue Art, eine Nummer freizugeben, besteht darin, die Person in Ihren Kontakten zu suchen, ihren Namen anzutippen und dann unten links auf dem Bildschirm auf Freigeben zu tippen.

Von hier aus haben Sie mehrere Möglichkeiten, aber die einfachste ist, den Kontakt per SMS oder E-Mail an Ihren Freund zu senden. Dadurch wird eine Kontaktkarte gesendet. Wenn Sie also andere Informationen zu diesem Kontakt haben (z. B. eine E-Mail), werden auch diese übermittelt.

KONTAKT LÖSCHEN

Das Löschen eines Kontakts ist dasselbe wie das Teilen eines Kontakts. Der einzige Unterschied besteht darin, dass Sie nach dem Tippen auf den Namen des Kontakts auf das Löschen-Symbol rechts tippen (nicht auf das Teilen-Symbol links). Dadurch werden sie aus Ihrem Telefon gelöscht, aber nicht aus Ihrem Leben.

ORGANISIEREN SIE SICH

Wenn Sie erst einmal viele Kontakte haben, wird die Suche nach jemandem immer zeitaufwändiger. Gruppen hilft. Sie können z. B. eine Gruppe für "Familie" hinzufügen und dort alle Ihre Familienmitglieder ablegen.

Wenn Sie Ihre Kontakte öffnen und auf die drei Linien in der oberen linken Ecke tippen, wird ein Menü angezeigt. Hier sehen Sie Ihre Gruppen. Mit Gruppen können Sie also direkt in diese Liste springen und den gewünschten Kontakt finden.

Sie können auch der gesamten Gruppe innerhalb der Gruppe eine E-Mail oder Textnachricht senden. Wenn Ihr Kind zum Beispiel zwei Jahre alt wird und Sie alle in Ihrem Kontakt "Familie" daran erinnern möchten, nicht zu kommen, tippen Sie einfach auf diese Gruppe. Was aber, wenn Sie keine Labels haben? Oder wenn Sie Personen zu einem Label hinzufügen möchten? Ganz einfach. Erinnern Sie sich an die lange Anwendung, mit der Sie einen Kontakt hinzugefügt haben? Eines der Felder lautete "Gruppen".." Sie müssen mehr tippen, um es zu sehen. Es ist ganz am Ende. Es ist eines der letzten Felder, um genau zu sein.

Wenn Sie noch nie ein Etikett hinzugefügt haben oder ein neues hinzufügen möchten, dann fangen Sie einfach an zu tippen. Wenn Sie ein anderes Etikett verwenden möchten, tippen Sie einfach auf den Pfeil und wählen Sie es aus.

Wenn Sie fertig sind, vergessen Sie nicht, auf Speichern zu tippen.

Sie können jemanden auch schnell einer Gruppe zuweisen, indem Sie auf den Namen des Kontakts tippen und dann oben rechts Gruppe erstellen auswählen.

Sobald Sie darauf tippen, können Sie einen Namen hinzufügen, einen Klingelton zuweisen und andere Mitglieder zuordnen.

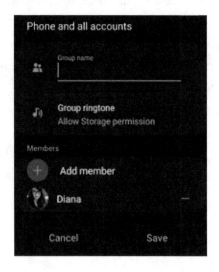

GRUPPE LÖSCHEN

Wenn Sie kein Etikett mehr haben möchten, gehen Sie einfach zu dem Menü, das ich Ihnen oben gezeigt habe - Seitenmenü, dann die drei Punkte. Tippen Sie von hier aus auf die Gruppe löschen.

Wenn es nur eine Person gibt, die Sie aus dem Label entfernen möchten, tippen Sie sie an, gehen Sie zur Gruppe und löschen Sie sie.

ANRUFE TÄTIGEN

Damit ist unser Abstecher in die Kontakte-App beendet. Jetzt können wir wieder mit den Ghostbusters telefonieren.

Sie können einen Anruf tätigen, indem Sie die Kontakte-App öffnen, den Kontakt auswählen und dann auf dessen Telefonnummer tippen. Alternativ können Sie auf Ihrem Startbildschirm oder in Ihrer Favoritenleiste auf die Schaltfläche Telefon tippen.

Wenn Sie diese App öffnen, gibt es einige Optionen. Lassen Sie uns über jede einzelne sprechen.

Ganz links befindet sich die Registerkarte "Tastatur". Sie ist grün, weil Sie sich bereits dort befinden.

In der Mitte befindet sich die Registerkarte Aktuelle Anrufe. Wenn Sie Anrufe getätigt haben, werden sie hier angezeigt.

Die letzte Option ist Kontakte, die eine Version der Kontakte-App öffnet, die in der Telefon-App enthalten ist.

Wenn Sie jemanden auf die altmodische Art und Weise anrufen möchten, indem Sie auf eine Nummer tippen, tippen Sie auf die Person und dann auf das Anrufsymbol. Sie können auch auf das Videosymbol tippen, um einen Videoanruf zu starten.

Wenn Sie mit dem Gespräch fertig sind, drücken Sie auf Ihrem Telefon die Taste Ende.

ANRUFE ANNEHMEN UND ABLEHNEN

Was tun Sie, wenn jemand Sie anruft? Wahrscheinlich ignorieren Sie ihn, weil es ein Telefonverkäufer ist! Es ist jedoch einfach, einen Anruf anzunehmen. Wenn das Telefon klingelt, wird die Nummer angezeigt und wenn die Person in Ihren Kontakten ist, wird auch der Name angezeigt. Um den Anruf anzunehmen, wischen Sie einfach über das Symbol "Annehmen". Zum Ablehnen ziehen Sie einfach das Symbol "Ablehnen".

TELEFONEINSTELLUNGEN

Falls Sie es noch nicht bemerkt haben: Es gibt Einstellungen für so ziemlich alles. Das Samsung ist ein *sehr* anpassungsfähiges Telefon. Um zu den Einstellungen zu gelangen, gehen Sie in die obere rechte Ecke und wählen Sie dann Einstellungen.

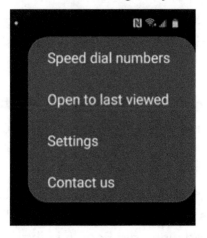

In den Einstellungen können Sie Klingeltöne einrichten, Nummern zum Sperren hinzufügen, Ihre Voicemail einrichten und vieles mehr.

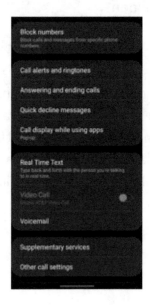

ANGRY BIRDS SPIELEN UND DABEI MIT ANGRY MOM SPRECHEN

Was ist, wenn Sie mit Ihrer Mutter telefonieren und sie sich gerade über etwas beschwert, aber Sie wollen nicht unhöflich sein und auflegen? Ganz einfach. Du machst Multitasking! Das bedeutet, dass Sie während des Gesprächs Angry Birds spielen können!

Um Multitasking zu betreiben, wischen Sie einfach vom unteren Rand Ihres Telefons nach oben und öffnen Sie die App, in der Sie arbeiten möchten, während Sie sprechen. Der Anruf wird im Benachrichtigungsbereich angezeigt. Tippen Sie darauf, um zu dem Anruf zurückzukehren.

NACHRICHTEN

Jetzt, wo Sie wissen, wie Kontakte und Telefon funktionieren, wird Ihnen die Nachrichtenübermittlung zur zweiten Natur. Sie haben viele der gleichen Eigenschaften.

Öffnen wir die Nachrichten App (sie befindet sich in Ihrer Favoritenleiste).

NACHRICHT ERSTELLEN / SENDEN

Wenn Sie den/die Kontakt(e) ausgewählt haben, an den/die Sie eine Nachricht senden möchten, tippen Sie auf Verfassen. Sie können die Nummer auch manuell in das Textfeld eingeben.

Sie können mehr als einen Kontakt hinzufügen - dies ist ein sogenannter Gruppentext.

Wenn Sie zum ersten Mal eine Nachricht verschicken, wird sie wahrscheinlich ziemlich leer aussehen, wie das Bild unten. Angenommen, Sie haben noch nie eine Nachricht verschickt, dann wird sie leer sein. Sobald Sie Nachrichten erhalten, können Sie auf "Neue Kategorie" tippen, um sie zu beschriften - so finden Sie beispielsweise alle Ihre Familiennachrichten an einem Ort.

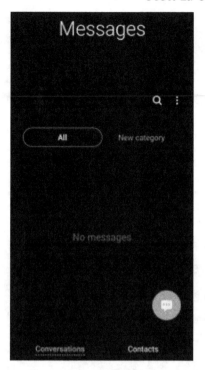

Sobald Sie bereit sind, Ihre erste Nachricht zu senden, tippen Sie auf das Nachrichtensymbol.

In das obere Feld geben Sie den Empfänger ein (oder den Gruppennamen, wenn es sich um mehrere Personen handelt). Sie können das +-Symbol verwenden, um Personen in Ihren Kontakten zu finden.

Verwenden Sie das Textfeld, um Ihre Nachricht zu verfassen.

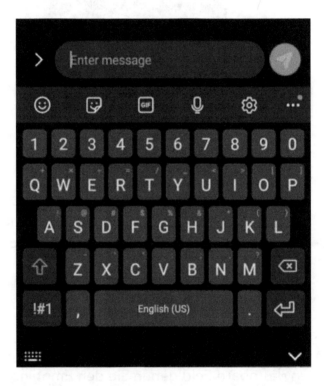

Es sieht ziemlich einfach aus, aber es gibt hier tatsächlich eine *Menge*. Unten befindet sich eine kleine Tastatur, mit der Sie zu einer anderen Art von Tastatur wechseln können; rechts davon befindet sich ein Pfeil nach unten, der die Tastatur einklappt. Um sie wieder einzublenden, klicken Sie einfach erneut auf das Nachrichtenfeld.

Direkt über dem Tastatursymbol befindet sich die Schaltfläche !#1, mit der Sie die Alpha-Tastatur in eine numerische/Symbol-Tastatur umwandeln können (so haben Sie schnellen Zugriff auf Symbole wie @, ?, %).

Sie tippen in einer anderen Sprache oder benötigen ein Akzentzeichen? Drücken Sie lange auf den Buchstaben und Sie erhalten weitere Zeichen und Symbole für diesen Buchstaben.

Oben schließlich befindet sich ein Satz von sechs zusätzlichen Symbolen.

Von links nach rechts, das erste ist das Emoji Paket. Wenn Sie jemandem mit einem Emoji antworten möchten, tippen Sie auf dieses Emoji.

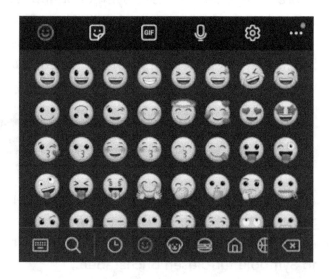

Sie können durch alle blättern, indem Sie nach rechts streichen, aber weil es so viele sind, sind sie auch gruppiert, und Sie können zu einer Gruppe springen, indem Sie auf das zugehörige Bild am unteren Rand tippen.

Neben dem Emoji Symbol befindet sich das Bitmoji-Aufkleber-Symbol. Auf Bitmoji gehe ich später ein, aber sagen wir erst einmal, dass Bitmoji wie ein

Emoji ist, das so angepasst ist, dass es wie Sie aussieht. Um es zu verwenden, müssen Sie es herunterladen. Es ist kostenlos.

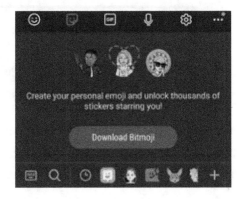

Als nächstes folgt die GIF Suche; Sie müssen den Bedingungen zustimmen, um sie nutzen zu können. Es ist im Grunde eine Suchmaschine für GIF-Bilder. Wenn Sie also zum Beispiel ein Geburtstags-GIF für eine Nachricht suchen, können Sie nach "Geburtstag" suchen und erhalten Dutzende von GIFs. Falls Sie nicht wissen, was ein GIF ist: Es handelt sich um kleine Bilder, die sich in einer Schleife bewegen - eine Art Mini-Film, der ein paar Sekunden dauert.

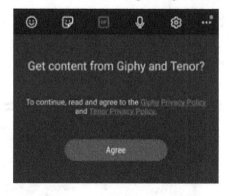

Rechts neben dem GIF Symbol befindet sich das Mikrofon-Symbol, mit dem Sie eine Sprachnachricht aufnehmen können, anstatt sie zu tippen.

Sie wissen, dass Samsung seine Einstellungen liebt, daher wird es Sie wahrscheinlich nicht überraschen, dass das Konfigurationssymbol die Tastatureinstellungen aufruft.

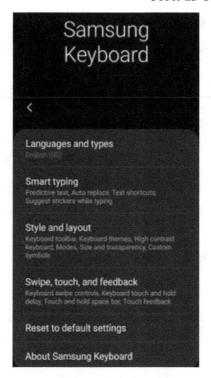

Weil sie die Einstellungen so sehr lieben, gibt es noch ein paar mehr, wenn Sie auf die drei Punkte tippen; hier können Sie die Tastaturgröße anpassen, aber auch einige der vielen anderen Funktionen nutzen, z. B. Textbearbeitung und Übersetzung.

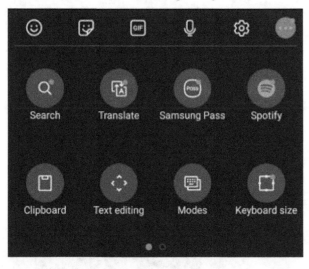

Wie ich schon sagte, hat diese Tastatur eine Menge zu bieten. Aber die Tastatur ist nur die Hälfte des Spaßes! Schauen Sie darüber... das kleine > Symbol zeigt Ihnen weitere Möglichkeiten, die Sie mit der Nachricht machen können.

Es gibt drei zusätzliche Optionen. Die erste besteht darin, ein Bild aus Ihrer Fotogalerie einzufügen.

Als Nächstes müssen Sie entweder ein Foto oder ein Video aufnehmen.

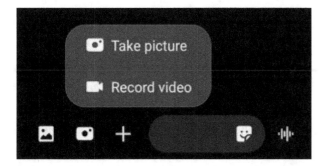

Und die letzte ist eine Reihe von zusätzlichen Optionen.

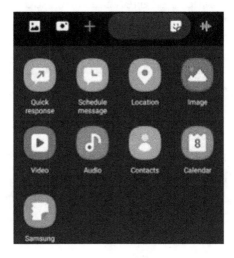

Von links nach rechts, von oben nach unten:
- Schnellantwort - Zeigt eine Liste mit gängigen Antworten an, so dass Sie nichts eintippen müssen.
- Nachricht planen - Hier können Sie festlegen, wann die Nachricht gesendet werden soll.

- Standort - Teilt einer Person mit, wo Sie sich gerade befinden. Wenn sich also eine Person mit Ihnen trifft und sagt: "Ich suche dich, aber ich sehe dich nicht!", können Sie dies senden, um ihr eine bessere Vorstellung zu geben.
- Bild/Video - Dies ist ähnlich wie das Hinzufügen eines Videos/Bildes aus Ihrer Galerie (Sie können dies auch hier tun), aber es wird auch an anderen Orten wie Google Drive nach ihnen gesucht.
- Audio - Teilen Sie eine Audiodatei.
- Kontakte - Teilen Sie die Kontaktinformationen einer Person.
- Kalender - Geben Sie ein Ereignis in Ihrem Kalender für eine andere Person frei.
- Samsung - Teilen Sie ein Samsung Note mit einer Person.

Wenn Sie bereit sind, Ihre Nachricht zu senden, tippen Sie auf den Pfeil mit der SMS darunter.

NACHRICHT ANZEIGEN

Wenn Sie eine Nachricht erhalten, vibriert Ihr Telefon, zwitschert oder macht gar nichts - das hängt davon ab, wie Sie Ihr Telefon eingerichtet haben. Um die Nachricht anzuzeigen, können Sie entweder die App öffnen oder nach unten wischen, um Ihre Benachrichtigungen zu sehen - eine davon ist die Textnachricht.

WO GIBT ES EINE APP DAFÜR?

Ich habe bereits erwähnt, dass du Angry Birds spielen kannst, während du mit deiner wütenden Mutter telefonierst. Klingt lustig? Aber wo ist Angry Birds auf deinem Telefon? Das ist es nicht! Sie müssen es herunterladen.

Das Hinzufügen und Entfernen von Apps auf dem Galaxy ist ganz einfach. Gehen Sie zu Ihrer Favoritenleiste am unteren Rand des Home-Bildschirms und tippen Sie auf die Google Play-App.

So starten Sie den Play Store.

Von hier aus können Sie die Top-Apps durchstöbern, die Empfehlungen der Redakteure einsehen, die Kategorien durchsehen oder, wenn Sie eine bestimmte App im Sinn haben, danach suchen. Der Play Store ist nicht nur für Apps gedacht. Sie können die Registerkarten oben verwenden, um Filme, Bücher und Musik zu finden. Jede Art von herunterladbaren Inhalten, die von Google angeboten werden, finden Sie hier.

Wenn Sie die gewünschte App sehen, tippen Sie sie an. Sie können die Bewertungen lesen, Screenshots ansehen und die App auf Ihrem Telefon installieren. Zum Installieren tippen Sie einfach auf die Schaltfläche "Installieren" - wenn es sich um eine kostenpflichtige App handelt, werden Sie aufgefordert, sie zu kaufen. Wenn kein Preis angegeben ist, ist sie kostenlos (oder bietet In-App-Zahlungen an, d. h. die App ist kostenlos, aber es gibt Premiumfunktionen, für die Sie möglicherweise bezahlen müssen).

Die App ist nun im App-Bereich Ihres Geräts gespeichert (erinnern Sie sich an den Bereich, den

Sie erreichen, wenn Sie von unten nach oben wischen?).

APP ENTFERNEN

Wenn Sie eine App nicht mehr verwenden möchten, tippen Sie im App-Menü auf die betreffende App und halten Sie sie gedrückt. Daraufhin wird ein Feld mit mehreren Optionen angezeigt. Die gewünschte Option ist Deinstallieren.

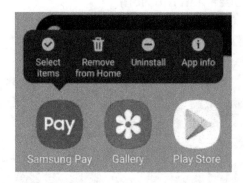

Wenn Sie die App aus dem Play Store heruntergeladen habenheruntergeladen haben, können Sie sie jederzeit löschen. Einige Apps, die auf Ihrem Telefon vorinstalliert sind, können nicht gelöscht werden.

WEGBESCHREIBUNG

In früheren Zeiten hatten Sie vielleicht ein GPS. Das war ein schickes Plastikgerät, das Ihnen Wegbeschreibungen für ganz Nordamerika geben

konnte. Sie können dieses Gerät wegwerfen, denn
Ihr Telefon ist Ihr neues GPS.

Um eine Wegbeschreibung zu erhalten, wischen
Sie nach oben, um Ihre Apps zu öffnen, und gehen
Sie zum Ordner Google. Tippen Sie auf die Karten-
App.

Es wird automatisch auf den Ort eingestellt, an
dem Sie sich gerade befinden - was sowohl un-
heimlich als auch nützlich ist.

Um loszulegen, geben Sie einfach ein, wo Sie
hinwollen. Ich suche nach Disneyland, Anaheim.

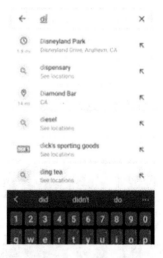

Es beginnt automatisch mit der Eingabe dessen, was es glaubt, dass Sie tippen werden, und sagt Ihnen die Entfernung. Wenn Sie den gewünschten Wert sehen, tippen Sie ihn an.

Es zeigt den Standort auf der Karte an und gibt Ihnen außerdem die Möglichkeit, den Standort anzurufen, zu teilen oder eine Wegbeschreibung zu erhalten. Wenn Sie die Karte vergrößern oder verkleinern möchten, verwenden Sie einfach zwei Finger und drücken Sie auf dem Bildschirm nach innen oder außen.

Die Wegbeschreibung erfolgt automatisch von Ihrem Standort aus. Möchten Sie die Wegbeschreibung von einem anderen Ort aus erhalten? Tippen Sie einfach auf das Feld "Ihr Standort" und geben Sie ein, wo Sie hinwollen. Sie können die Wegbeschreibung auch umkehren, in- dem Sie auf die Doppelpfeile tippen. Wenn Sie bereit sind, tippen Sie auf "Start".

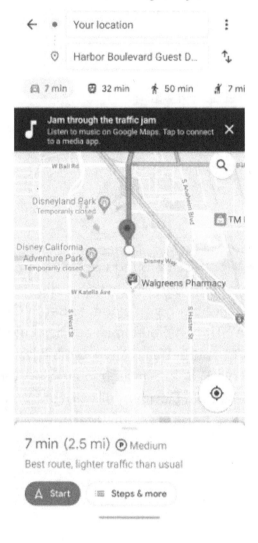

Was ist, wenn Sie nicht mit dem Auto fahren wollen? Was ist, wenn Sie zu Fuß gehen wollen? Oder mit dem Fahrrad? Oder ein Taxi nehmen? Für all das und mehr gibt es Optionen! Tippen Sie auf den Schieberegler unter der Adressleiste, um die von Ihnen bevorzugte Option auszuwählen.

Dadurch werden die Wegbeschreibungen aktualisiert - wenn Sie zum Beispiel zu Fuß gehen, werden Einbahnstraßen angezeigt und auch die Zeit, die Sie dafür benötigen, wird aktualisiert.

Was tun, wenn Sie fahren wollen, aber wie ich Angst vor Autobahnen in Kalifornien haben? Es gibt eine Option, um Autobahnen zu vermeiden. Tippen Sie auf die Menütaste in der oberen rechten Ecke des Bildschirms und wählen Sie "Routenoptionen" (hier gibt es noch viele andere Funktionen wie das Hinzufügen von Stopps, das Teilen von Wegbeschreibungen und das Teilen Ihres Standorts).

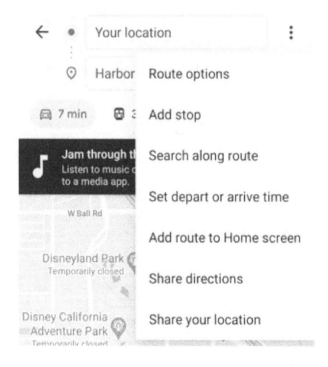

Wählen Sie in den Routenoptionen aus, was Sie vermeiden möchten, und klicken Sie auf "Fertig". Sie werden nun auf eine längere Route umgeleitet - haben Sie bemerkt, dass sich die Zeiten wahrscheinlich geändert haben?

Sobald Sie Ihre Wegbeschreibung erhalten haben, können Sie nach oben wischen, um eine Abbiegeanweisung zu erhalten.

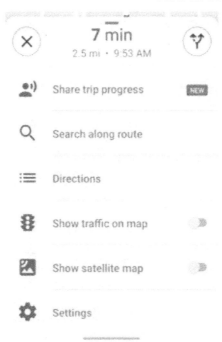

Sie können sogar sehen, wie es von der Straße aus aussieht. Das nennt sich Street View.

Street View ist nicht nur für Straßen gedacht. Google erweitert die Funktion überall. Wenn Sie Ihren Finger über die Karte halten, wird eine Option angezeigt, mit der Sie Street View einblenden können, wenn es verfügbar ist. Tippen Sie einfach auf das Miniaturbild. Hier ist eine Street View-Ansicht von Disneyland:

Du kannst durch den ganzen Park wandern! Wenn du doch nur auch mit den Fahrgeschäften fahren könntest! Noch näher am Geschehen bist du mit dem Dreamview-Headset. Wenn du dein Handy da reinsteckst, kannst du deinen Kopf drehen und die Aussicht dreht sich mit dir.

Street View ist auch in vielen Einkaufszentren und anderen Touristenattraktionen verfügbar. Richten Sie Ihre Karte auf das Smithsonian in Washington, DC, und Sie erhalten eine ziemlich coole Street View.

LIVE-UNTERTITELING

Eine der wichtigsten Funktionen von Android 10 ist die Live-Untertitelung. Live-Untertitel können jedes Video, das Sie aufnehmen, transkribieren und zeigen, was gesagt wird. Das funktioniert erstaunlich gut und ist ziemlich genau.

Um sie zu aktivieren, gehen Sie zu Einstellungen > Eingabehilfen > Hörverbesserungen > Live-Untertitel.

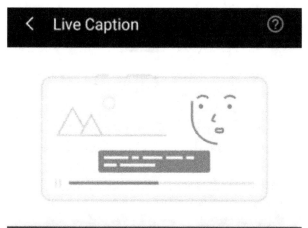

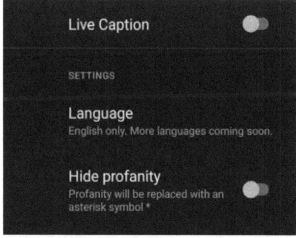

In den Einstellungen können Sie auch die Schimpfwörter ausschalten und demnächst eine andere Sprache auswählen. Wenn Sie diese Funktion nur gelegentlich verwenden, empfehle ich, sie auszuschalten, aber unter Live Caption in der Lautstärkeregelung zu aktivieren. Wenn diese Funktion aktiviert ist, müssen Sie nur noch die Lautstärketaste drücken. Sobald Sie das getan haben, sehen Sie die Option zum Einschalten; es ist die unterste Option.

Sobald die Funktion aktiviert ist, wird innerhalb von Sekunden eine Transkription angezeigt.

AKTUALISIERUNGSRATE

Das Galaxy unterstützt eine Bildwiederholfrequenz von bis zu 120 Hz. Wow, oder? Eigentlich haben die meisten Leute keine Ahnung, was das bedeutet. Es geht um Bilder pro Sekunde (FPS) - oder 120 FPS. Was bedeutet das also? Wenn Sie Spiele spielen oder etwas verwenden, das sich schnell bewegt, bedeutet das, dass alles viel flüssiger erscheint. Außerdem wird die Akkulaufzeit dadurch deutlich verkürzt, daher sollten Sie vorsichtig sein (60 Hz ist die Norm). Die Akkulaufzeit bei 120 FPS ist auf neueren Galaxy-Handys viel besser.

Um sie zu aktivieren, gehen Sie zu Einstellungen > Anzeige > Bewegungsglättung.

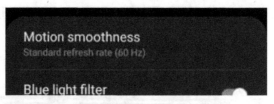

Wählen Sie dann 120 Hz.

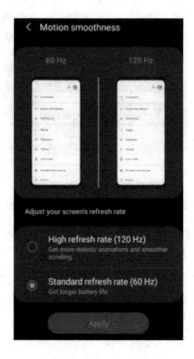

Ich empfehle, es einzuschalten, um zu sehen,
wie es aussieht, aber wenn Sie nicht gerade absolut
begeistert davon sind, dann schalten Sie es aus,
damit Sie einen länger haltenden Akku haben.

WI-FI FREIGEBEN

Wenn Sie Gäste zu Besuch haben, wird Ihnen fast immer die Frage gestellt: Wie lautet Ihr W-LAN-Passwort? Wenn Sie so sind wie ich, dann ärgert Sie das wahrscheinlich. Vielleicht ist dein Passwort sehr lang, vielleicht gibst du es nur ungern preis, oder vielleicht ist es dir einfach zu peinlich, zu sagen, dass es "Feet$FetishLover1" ist. Was auch immer der Grund ist, Sie werden es lieben, Ihr WLAN mit QR-Codes zu teilen. Vorbei sind die Zeiten, in denen man diese Informationen weitergeben musste. Gib ihnen einfach einen Code, den sie scannen können, und sie haben Zugang, ohne jemals dein Passwort zu kennen.

Gehen Sie dazu in die WLAN-Einstellungen, wählen Sie die WLAN-Optionen und dann Wi-Fi Direct.

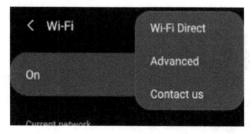

Vergewissern Sie sich, dass auf beiden Geräten Wi-Fi eingeschaltet ist, und folgen Sie den Anweisungen.

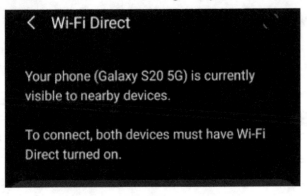

KREIS ZUR SUCHE

Samsung hat sich mit Google zusammengetan, um die Leistungsfähigkeit von KI auf dem Telefon zu demonstrieren. Eine Funktion, die Sie vielleicht oft verwenden werden, ist Circle to Search.

Circle to Search ist nichts Bahnbrechendes - Google bietet schon seit Jahren die umgekehrte Bildersuche und seit langem Google Lenes an. Das Schöne an Circle to Search ist, dass es so einfach zu bedienen ist.

Worum geht es also genau? Stellen Sie sich vor, Sie lesen eine Nachricht und es gibt ein Foto von jemandem, aber Sie wissen nicht, wer es ist. Sie können es einkreisen, um zu sehen, wer es ist! Sie können Objekte einkreisen, Text - einfach alles!

Wie funktioniert das? Drücken und halten Sie die Home-Taste.

Ihr Bildschirm ändert seine Farbe, um anzuzeigen, dass er aktiv ist. Kreuzen Sie nun das an, über das Sie Informationen suchen.

Das war's! In Sekundenschnelle sehen Sie Informationen über das, was Sie gerade ausgewählt haben.

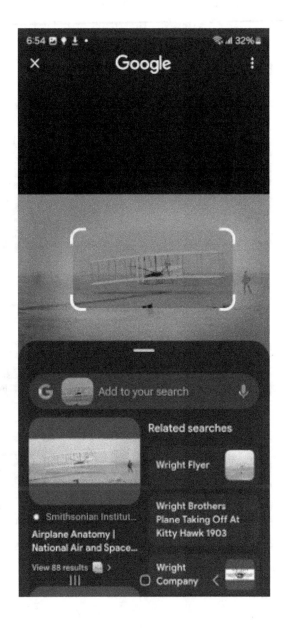

ZUSAMMENFASSEND

Wenn Sie den Webbrowser von Samsung verwenden, können Sie KI nutzen, um das, was Sie gerade lesen, zusammenzufassen. Tippen Sie einfach auf die KI-Schaltfläche in der Mitte unten auf dem Bildschirm.

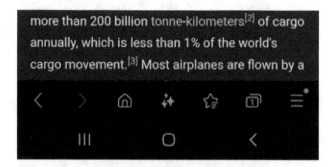

Hier werden Sie gefragt, ob Sie das Gelesene zusammenfassen oder übersetzen möchten.

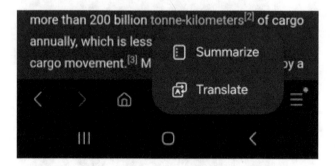

In nur wenigen Sekunden haben Sie eine Zusammenfassung des Artikels, den Sie gerade lesen, in Stichpunkten!

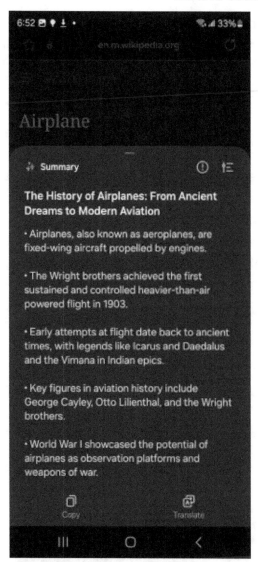

KINDER STARTSEITE

Ein Punkt, in dem sich Samsung wirklich von anderen Unternehmen abhebt, sind die Kindersicherungsfunktionen und der Kindermodus. Ja, andere Geräte haben eine Kindersicherung, aber Samsung

setzt noch einen drauf, indem es eine Benutzeroberfläche nur für Kinder entwickelt.

Mit dem Kindermodus können Sie die Funktion
schnell ein- und ausschalten, wenn Sie ein Kind
ablenken möchten.

Um darauf zuzugreifen, wischen Sie nach unten,
um Ihre Benachrichtigungsleiste einzublenden, und
wischen Sie dann einmal nach rechts. Es ist eines
der Benachrichtigungssymbole, das Sie manuell
hinzufügen müssen, um es zu verwenden.

Wenn Sie es zum ersten Mal starten, müssen Sie
ein sehr kleines Programm herunterladen. Das
dauert je nach Verbindungsgeschwindigkeit ein
paar Sekunden.

Sobald der Download abgeschlossen ist, wird der Willkommensbildschirm angezeigt und Sie werden gefragt, ob Sie eine Verknüpfung auf Ihrem Desktop erstellen möchten. Tippen Sie auf Start, wenn Sie bereit sind.

Wenn Sie auf Weiter tippen, gelangen Sie zur Hauptansicht von Samsung Kids BE-NUTZEROBERFLÄCHE. Sie sieht ein bisschen aus wie dein Telefon... nur niedlicher! Es gibt eine Handvoll Symbole auf dem Bildschirm, aber Sie werden feststellen, dass sie alle Download-Buttons haben. Das liegt daran, dass sie noch nicht installiert sind. Sie müssen für jede App, die Sie installieren möchten, auf die Schaltfläche zum Herunterladen tippen (nicht mehr als drei auf einmal).

Wischen Sie nach links, und Sie sehen Nicht-Samsung-Apps. Diese müssen ebenfalls heruntergeladen werden.

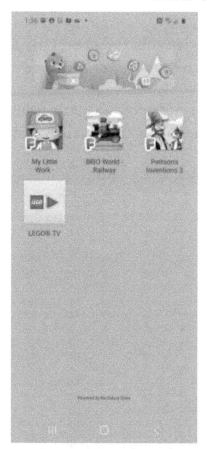

Sie fragen sich vielleicht: Wie sicher kann dieser Modus sein? Es gibt einen Internet Browser direkt auf dem Startbildschirm! Tippen Sie ihn an und sehen Sie selbst!

Sie werden sofort merken, dass dies nicht das Internet von Ihrer Mutter ist.! Die einzigen Websites, auf die sie zugreifen können, sind die, die Sie hinzufügen. Möchten Sie eine hinzufügen? Tippen Sie auf die Schaltfläche +Neue Website.

Sie werden schnell feststellen, dass alle Apps in diesem Modus sehr abgespeckt sind. Selbst die Kamera-App, die ziemlich harmlos ist, hat nur wenige Funktionen. Es gibt einen Auslöser, einen Kippschalter für Fotos und Videos und eine Taste für Effekte.

Mit dem Telefon verhält es sich genauso. Ihr Kind kann die App nicht öffnen und jemanden anrufen. Es kann nur Nummern anrufen, die Sie hinzugefügt haben. Möchten Sie jemanden hinzufügen? Tippen Sie einfach auf das +-Symbol.

Die vorinstallierten Apps sind allesamt ziemlich harmlos und grenzwertig lehrreich.

Wenn es Apps gibt, die Sie entfernen oder installieren möchten, tippen Sie auf die Optionstaste in der oberen rechten Ecke.

Sobald Sie Ihre PIN eingegeben haben, haben Sie Zugriff auf die Einstellungen. Hier können Sie kontrollieren, was Ihr Kind tut und wie lange es das tut. Sie können auch überwachen, was es getan hat. Sie können kontrollieren, wie viel Zeit es mit Spielen oder Lesen verbringen darf.

Gibt es eine vorinstallierte App, die Ihr Kind nicht sehen soll? Das ist kein Problem! Scrollen Sie ein wenig nach unten und tippen Sie auf die Option Apps.

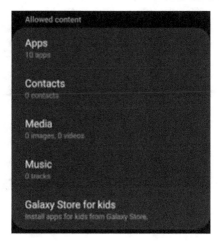

Wählen Sie in den Optionen die Option Entfernen und dann die zu entfernende Anwendung aus.

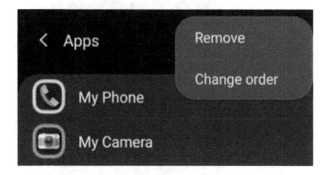

Was ist mit anderen Anwendungen? Zum Beispiel Drittanbieter-Apps? Kehren Sie zu dieser Liste zurück und wählen Sie Galaxy Store für Kinder. Dadurch gelangen Sie zu einem speziellen Kindershop. Dort gibt es keine Spiele für Jugendliche oder Erwachsene, sondern nur Spiele, die für Kinder geeignet sind.

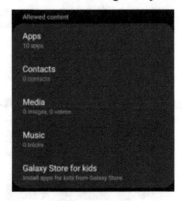

Tippen Sie auf die Download-Option neben einer App, die Sie herunterladen möchten. Sie werden angezeigt, wenn Sie vom Startbildschirm der Kinder nach rechts wischen.

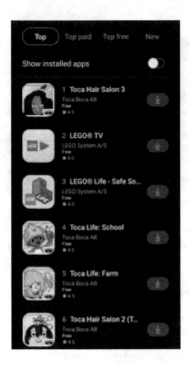

Das ist ja alles schön und gut, aber was passiert, wenn man wieder erwachsen werden will? Wie kommt man aus diesem Modus heraus? Es dauert nur eine Sekunde! Tippen Sie auf dem Startbildschirm auf das Zurück-Symbol. Sie werden dann nach Ihrem Pin-Code gefragt. Sobald du ihn eingegeben hast, bist du wieder im normalen Modus. Das war's!

SMARTTAGS

Wenn Sie Ihr Galaxy-Telefon bei der Erstveröffentlichung gekauft haben, war es wahrscheinlich mit einem SmartTag ausgestattet; wenn nicht, kostet er 29,99 $.

SmartTag ist ein optionales Zubehör zum Auffinden Ihrer Gadgets und Geräte. Du kannst ihn an deinem Schlüsselbund befestigen, ihn an eine Fernbedienung stecken, ihn in deine Handtasche stecken oder wo auch immer du etwas verlieren könntest. Wenn Sie Ihre Schlüssel nicht finden können, können Sie sie von Ihrem Telefon aus anpingen und der SmartTag beginnt zu klingeln.

Sie können Ihren SmartTag auch mit Smart-Home-Geräten wie Licht und Türen verbinden. Wenn Sie also nach oben kommen, können Sie mit einem Doppelklick auf den Tag eine Aktion ausführen, z. B. das Licht einschalten.

SmartTag wird über Bluetooth mit Ihrem Telefon verbunden und läuft mit einer Batterie. Solange Sie Ihr Gerät nicht alle fünf Minuten anpingen, sollten Sie die Batterie nicht sehr oft austauschen müssen.

Um loszulegen, rufen Sie die SmartThings-App aus dem Samsung-Ordner aller Apps auf; wenn Sie sie nicht haben, können Sie sie kostenlos aus dem App Store herunterladen. Sie ist im neuesten Betriebssystem-Update enthalten. Wenn Sie also ein neues Telefon haben, ist sie wahrscheinlich bereits vorhanden.

Wenn Sie die App zum ersten Mal öffnen, müssen Sie den Allgemeinen Geschäftsbedingungen zustimmen.

Sobald Sie auf "Start" klicken, drücken Sie die Taste auf dem Etikett und es sollte es sofort finden. Vergewissern Sie sich, dass Sie auf dem nächsten Bildschirm auf "Während der Verwendung der App" tippen.

Wenn sich der Tag immer in einem bestimmten Raum befinden wird, können Sie ihn benennen; andernfalls lassen Sie ihn einfach weg.

Als nächstes werden Sie gefragt, ob Sie das Gerät jetzt oder später hinzufügen möchten. Tippen Sie auf Jetzt hinzufügen.

Vergewissern Sie sich als Nächstes, dass der Anhänger Ihren Standort kennt. Er muss den Standort kennen, damit er richtig funktioniert.

Klicken Sie auf "Weiter".

Es dauert ein paar Sekunden, um alles einzurichten.

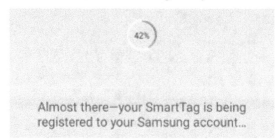

Danach werden Sie aufgefordert, dem Tag einen Namen zu geben. Sie können den Namen "Smart-Tag" beibehalten, aber wenn Sie mehrere Smart-Tags haben, ist es ratsam, ihn beschreibend zu nennen (z. B. "Autoschlüssel").

Sie werden einige Einrichtungsbildschirme sehen, dann werden Sie gefragt, ob Sie den Smart-Tag aktualisieren möchten; ich empfehle, dies zu tun. Es geht sehr schnell und stellt sicher, dass der SmartTag frei von Fehlern ist.

Sobald dies geschehen ist, sehen Sie den Hauptbildschirm; klicken Sie auf "Get Started".

Laden Sie dann die Zusatzsoftware herunter.

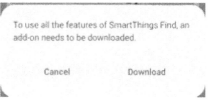

Wenn Sie damit fertig sind, können Sie die Software erneut öffnen und auf das Musiksymbol tippen, um Ihren SmartTag anzupingen; daraufhin beginnt er zu klingeln.

[5]

INTERNET

Wenn es um das Internet gehtgeht, gibt es zwei Dinge, die Sie tun sollten:
- E-Mail senden
- Durchsuchen Sie das Internet

EINE E-MAIL HINZUFÜGEN KONTO

Wenn Sie Ihr Telefon einrichten, verknüpfen Sie es mit Ihrem Google-Konto, das normalerweise Ihre E-Mail-Adresse ist.

Möglicherweise möchten Sie jedoch ein weiteres E-Mail-Konto hinzufügen - oder das von Ihnen eingerichtete entfernen.

Um eine E-Mail hinzuzufügen, wischen Sie nach oben, um Ihre Apps aufzurufen, und tippen Sie auf Einstellungen.

Tippen Sie anschließend auf Konten.

Sie können auch auf das eingerichtete Konto tippen und dann auf Konto entfernen tippen. Denken Sie aber daran, dass Sie mehr als ein Konto auf Ihrem Telefon haben können.

Sobald Sie Ihre E-Mail hinzugefügt haben, werden Sie gefragt, um welche Art von E-Mail es sich handelt. Folgen Sie den Schritten, nachdem Sie den E-Mail-Typ ausgewählt haben, um Ihre E-Mail, Ihr Passwort und andere erforderliche Felder hinzuzufügen.

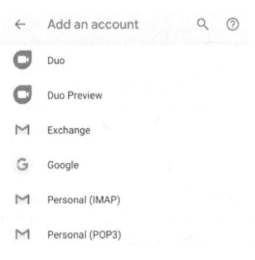

ERSTELLEN UND SENDEN EINER E-MAIL

Um eine E-Mail mit Gmail (der nativen E-Mail-App von Samsung) zu senden, wischen Sie nach oben, um zu Ihren Apps zu gelangen, tippen Sie auf Gmail und dann auf Neue E-Mail verfassen (der kleine runde, rote Stift in der unteren rechten Ecke). Wenn Sie fertig sind, tippen Sie auf die Schaltfläche Senden.

Sie können auch den Google Play Store um andere E-Mail-Anwendungen (wie Outlook) zu finden.

VERWALTEN SIE MEHRERE E-MAIL KONTEN

Wenn Sie mehr als ein Google Mail-Konto haben, tippen Sie auf die drei Zeilen oben links in Ihrem E-Mail-Bildschirm. Wenn Sie auf den kleinen Pfeil neben der E-Mail-Adresse tippen, klappt dieser nach unten und zeigt andere Konten an. Wenn keine aufgelistet sind, können Sie eines hinzufügen.

SURFEN IM INTERNET

Googles nativer Webbrowser ist Chrome. Sie können auch andere Browser verwenden (diese finden Sie im Google Play Store). In diesem Buch wird jedoch nur Chrome behandelt.

Starten Sie, indem Sie auf das Chrome Browser-Symbol in Ihrer Favoritenleiste tippen, oder indem Sie alle Programme aufrufen.

Wenn Sie Chrome auf einem Desktop oder einem anderen Gerät verwendet haben, dann ist dieses Kapitel nicht gerade ein Kinderspiel - genau wie die E-Mail-App gibt es viele der Eigenschaften, die Sie auf dem Desktop finden, auch in der mobilen Version.

Wenn Sie ihn öffnen, werden Sie feststellen, dass es sich um einen ziemlich einfachen Browser handelt. Es gibt drei wichtige Dinge, die Sie beachten sollten.

- **Adressleiste** - Wie Sie sich denken können, tragen Sie hier die Internetadresse ein Adresse ein, die Sie aufrufen möchten (z. B. google.com). Sie sollten jedoch wissen, dass es sich nicht nur um eine Adressleiste handelt. Es handelt sich um eine Suchleiste. Sie können damit nach Dingen suchen, wie Sie es auch bei Google tun würden; wenn Sie die Eingabetaste drücken, gelangen Sie auf die Seite mit den Google-Suchergebnissen.

- **Registerkarten-Schaltfläche** - Da der Platz begrenzt ist, werden nicht alle Registerkarten angezeigt, wie es bei einem normalen Browser der Fall wäre, sondern eine Schaltfläche, die anzeigt, wie viele Registerkarten geöffnet sind. Wenn Sie darauf tippen, können Sie entweder zwischen den Tabs hin- und herschalten oder über eine der Seiten streichen, um den Tab zu schließen.

- **Menütaste** - Die letzte Taste öffnet ein Menü mit einer Reihe weiterer Optionen, die ich im Folgenden erläutern werde.

→ ☆ ⬇ ⓘ ⟳

New tab

New incognito tab

Bookmarks

Recent tabs

History

Downloads

Share...

Find in page

Add to Home screen

Desktop site   ☐

Settings

Help & feedback

Die Speisekarte ist recht überschaubar, aber es gibt ein paar Dinge, die man beachten sollte.

"Neue Inkognito-Registerkarte" öffnet Ihr Telefon zum privaten Surfen; das bedeutet nicht, dass Ihre IP-Adresse nicht nachverfolgt wird. Es bedeutet, dass Ihr Verlauf nicht aufgezeichnet wird; es bedeutet auch, dass Kennwörter und Cookies nicht gespeichert werden.

Etwas weiter unten befindet sich "Verlauf". Wenn Sie möchten, dass Ihr Verlauf gelöscht wird, damit auf Ihrem Telefon keine Aufzeichnungen darüber vorhanden sind, wo Sie waren, gehen Sie hierhin und löschen Sie Ihren Browserverlauf.

History   ⓘ   Q   ✕

Your Google Account may have other forms of browsing
history at myactivity.google.com.

CLEAR BROWSING DATA...

Wenn Sie mehr als nur Websites löschen möchten (z. B. Passwörter), gehen Sie zu Einstellungen ganz unten im Menü. Dort finden Sie weitere erweiterte Einstellungen.

1:52

← Settings

Basics

Search engine
Google

Autofill and payments

Passwords

Notifications

Advanced

Privacy

Accessibility

Site settings

Languages

Data Saver
Off

Downloads

[6]

SCHNAPPT ES!

Die Kamera ist das A und O eines Samsung-Handys. Viele Leute halten das Samsung Galaxy für die beste Kamera, die je in einem Telefon eingebaut wurde. Ich überlasse es Ihnen, das zu entscheiden. Ich persönlich denke, dass alle Top-Tier-Handy-Kameras ihre eigenen Vor- und Nachteile haben.

Dieses Kapitel bezieht sich auf das Galaxy Ultra. Wie bereits erwähnt, sind nicht alle Smartphones in Bezug auf die Kameras gleich; das ist einer der auffälligsten Unterschiede bei den Handys. Das Ultra hat mehr Objektive, mehr Zoom und mehr Pixel.

Das bedeutet, dass einige der in diesem Kapitel erwähnten Dinge nicht auf Sie zutreffen, wenn Sie ein Nicht-Ultra-Handy verwenden. Wenn Sie also lesen und denken: "Wo ist das auf meinem Telefon?", dann haben Sie wahrscheinlich kein Ultra.

DIE GRUNDLAGEN

Sind Sie bereit, Ansel Adams nachzueifern? Beginnen wir mit dem Öffnen der Kamera App

Wenn Sie die App öffnen, startet sie im einfachen Kameramodus. Die Benutzeroberfläche kann ziemlich einfach aussehen, aber lassen Sie sich nicht täuschen. Es gibt eine Menge von Steuerelementen.

Am unteren Rand des Bildschirms befindet sich der Auslöser (zum Aufnehmen von Fotos) - wischen Sie ihn nach unten, um eine "Serienaufnahme" zu machen, bei der mehrere Fotos auf einmal aufgenommen werden, und halten Sie ihn gedrückt, um auf Video umzuschalten. Rechts neben dem Auslöser befindet sich der Kamera-Kippschalter, mit dem Sie zur Frontkamera wechseln können.

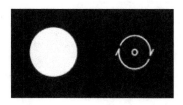

Oben in der Kamera-App finden Sie die meisten Ihrer Einstellungen.

Von links nach rechts befindet sich das Symbol für die Einstellungen. Die meisten Einstellungen sind nur Kippschalter und leicht zu verstehen.

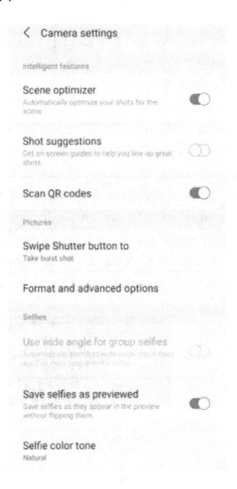

Daneben befindet sich die Blitzeinstellung. Wenn Sie darauf tippen, können Sie "Kein Blitz", "Automatischer Blitz" oder "Blitz erzwingen" auswählen.

Die nächste Option ist der Timer. Damit können Sie den Zeitpunkt der Aufnahme eines Fotos verzögern. Er wird am besten mit einem Stativ verwendet.

Mit der nächsten Option können Sie auswählen, wie groß das Foto sein soll. Die beste Option ist 108 MB. Damit erhalten Sie ein unglaublich *großes* Bild. Außerdem werden dadurch die nächsten beiden Optionen weggenommen. Wenn Sie sehen, dass sie ausgegraut sind, ist das der Grund dafür. Dies ist der einzige Modus, in dem Sie sie nicht verwenden können.

Und was sind diese beiden Optionen? Mit der ersten schalten Sie die Bewegung ein und aus. Und mit der zweiten können Sie spezielle Filter verwenden, um das Foto zu verbessern.

Noch ein letzter Hinweis zu Fotos (und das gilt auch für Videos): Zum Zoomen müssen Sie die Finger hinein- und herausziehen.

KAMERA MODI

Fotografieren war doch gestern, oder? Smartphones sind voll von verschiedenen Modi, und Samsung ist offensichtlich kein Unbekannter in Bezug auf einige wirklich tolle Modi.

Stellen Sie sich die Modi wie verschiedene Objektive vor. Sie haben Ihr Standardobjektiv, aber Sie können auch ein Objektiv für Fisheye und Nahaufnahmen haben. Unten in Ihrer Kamera-App können Sie nach links und rechts streichen, um zu den verschiedenen Modi zu gelangen.

In der App gibt es drei Hauptkategorien: Fotos (die ich oben beschrieben habe), Videos und Einzelnachrichten.

Wenn Sie schon einmal ein Smartphone besessen haben, wird Ihnen die Videofunktion wahrscheinlich vertraut sein, aber Single Take ist wahrscheinlich neu.

Der Videomodus hat ähnliche Funktionen wie der Fotomodus. Unten beginnend können Sie die Art des Videos auswählen, das Sie aufnehmen möchten - drei Blätter ziehen den Zoom zurück und sorgen für eine breitere Aufnahme, und ein Blatt zieht ihn nach innen und sorgt für eine nähere Aufnahme.

Oben ist das Menü weitgehend identisch mit dem auf dem Foto.

Ich möchte jedoch auf eine Sache hinweisen: Das 9:16-Symbol startet das Videoformat. Video kann tatsächlich bis zu 8K aufnehmen! Aber seien Sie vorsichtig! Wie Sie sich wahrscheinlich denken können, wird ein 8K-Video *riesig* sein. Ein Vorteil dieses Modus ist, dass man aus dem Video ziemlich gute Standfotos machen kann.

Wie bei den anderen Modi können Sie auch hier durch Auf- und Zuziehen die Ansicht vergrößern und verkleinern.

Single Take ist ein ziemlich cooler Modus. Wenn Sie die Taste drücken, wird ein 15-Sekunden-Clip aufgenommen. Hier gibt es keine Filter oder Verhältnisse, die man ändern kann. Es ist ganz einfach.

Das Schöne an diesem Modus ist, dass er mit Hilfe eines Computers das beste Foto aus dem Video auswählt. Wenn die fünfzehn Sekunden um sind, werden die Bilder eingefügt.

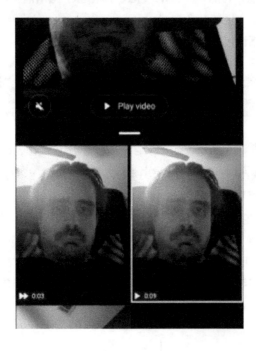

Wenn Sie auf die Option "Mehr" auf dem Schieberegler klicken, werden Sie feststellen, dass es tatsächlich mehrere weitere Fotomodi auf dem

Telefon gibt. Zwölf weitere Modi, um genau zu sein.

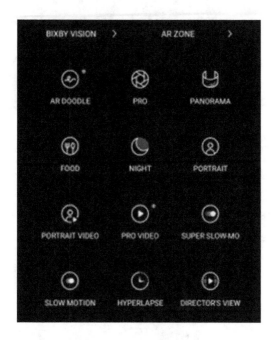

AR Doodle war früher eine Funktion in der Videoaufnahme, aber jetzt wurde sie in einen eigenen Kameramodus verschoben. In diesem Modus können Sie während der Aufnahme Dinge zeichnen.

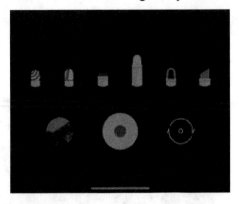

Wenn Sie dachten, dass der Fotomodus ein wenig zu wenig Optionen und Einstellungen bietet, dann warten Sie, bis Sie den Pro-Modus sehen!

Sie können Dinge wie ISO, Autofokus und mehr einstellen.

Es gibt auch einen Pro Video Modus mit einem ähnlichen Funktionsumfang.

Panorama Mit dieser Funktion können Sie ein Panoramafoto erstellen; sie eignet sich hervorragend für Landschafts- und Stadtaufnahmen.

Food ändert die Einstellungen, um den idealen Fokus und die idealen Effekte für Fotos von Lebensmitteln zu erzielen.

Der Nachtmodus hilft Ihnen, bei schlechten Lichtverhältnissen tolle Aufnahmen zu machen.

Porträt und Porträt-Video (früher Live-Fokus und Live-Fokus-Video genannt) eignen sich hervorragend für Nahaufnahmen von Personen, bei denen Sie den Hintergrund unscharf machen möchten.

Mit Super Slow-Mo, Slow Motion und Hyper-lapse können Sie entweder Zeitlupen- oder Zeitraffervideos aufnehmen.

Der letzte Modus heißt "Director's View" und ist ziemlich genial! Er ermöglicht die gleichzeitige Aufnahme von Videos mit der nach vorne und nach hinten gerichteten Kamera. Er eignet sich perfekt, um die Reaktion von Menschen aufzunehmen, Rundgänge zu machen und vieles mehr. Wenn du sie benutzt, siehst du den Hauptbildschirm und dann die andere Kamera in der unteren linken Ecke.

Tippen Sie auf den Pfeil über der Regieansicht, um zwischen den verwendeten Kameras umzuschalten. Tippen Sie einfach auf die Vorschau, um zu wechseln.

EXPERTE ROH

Mit RAW sind Sie vielleicht vertraut; aber Expert RAW? Was hat es damit auf sich? RAW-Aufnahmen sind nur auf den Ultra Samsung-Geräten möglich. Es handelt sich dabei um eine professionelle Kameraeinstellung, die viel mehr Daten verwendet als ein herkömmliches JPEG-Foto - um es klar zu sagen: Damit sollten Sie vorsichtig sein, denn es nimmt viel mehr Speicherplatz ein und lässt sich schwieriger weitergeben.

Standardmäßig nimmt die Kamera mit einem herkömmlichen JPEG- oder HEIC-Dateiformat auf. Dabei erstellt sie ein einziges Dateiformat. Für die meisten Menschen ist das perfekt. Aber Fotografen bearbeiten ihre Fotos gerne, und genau hier kommt Expert RAW ins Spiel. Expert RAW erstellt ein Multi-Frame-Format, das viel mehr Flexibilität bei der Bearbeitung eines Fotos bietet.

Expert Raw war früher eine App, die Sie aus dem App Store heruntergeladen haben. Mit One UI 5.1 ist sie nun in die Kamera-App integriert, obwohl sie immer noch eine eigenständige App ist. Um sie zu verwenden (sofern Ihr Telefon sie unterstützt), gehen Sie in der Kamera-App auf die Registerkarte "Mehr"; die Einstellung ist eine Verknüpfung und führt Sie zur Expert Raw-App - möglicherweise ist ein Download erforderlich.

FARBTON AUF SELFIE

Die Selfie-Kamera verfügt über zwei Farbtöne: Natürlich und Hell. Standardmäßig ist "Natürlicher Ton" ausgewählt. Wie der Name schon sagt, hellt der Farbton "Hell" Ihren normalen Ton auf.

Schalten Sie dazu die Selfie-Kamera ein und tippen Sie dann auf die Schaltfläche "Effekte" in der oberen rechten Ecke (sieht ein wenig aus wie ein Zauberstab). Wählen Sie hier die Option "Farbton" und wechseln Sie dann zwischen "Natürlich" und "Hell".

BEARBEITUNG VON FOTOS S

Sobald Sie ein Foto aufgenommen haben, können Sie mit der Feinabstimmung beginnen, um es wirklich zum Strahlen zu bringen. Sie können auf die Bearbeitung zugreifen, indem Sie das Foto öffnen, an dem Sie Änderungen vornehmen möchten. Dazu öffnen Sie es entweder in der Kamera-App, indem Sie auf die Fotovorschau (neben dem Auslöser) klicken:

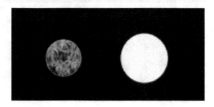

Oder indem Sie die Foto-App öffnen.

Später in diesem Kapitel werde ich ein wenig mehr darüber schreiben, wie Fotos organisiert sind und wie Sie die Dinge ändern können. Im Moment geht es nur darum, ein Foto zu bearbeiten. Tippen Sie also in diesem Abschnitt auf ein beliebiges Foto, um es zu bearbeiten.

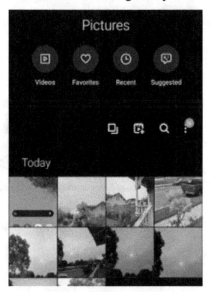

Wenn Sie ein Foto öffnen, werden je nach Art des Fotos unterschiedliche Optionen angezeigt. Das folgende Beispiel ist ein Live-Fokus-Foto.

Wie der Name schon sagt, ist der Hintergrund unscharf. Auch hier gibt es eine Option: Hintergrundeffekt ändern. Dies ist technisch gesehen keine Fotobearbeitung - wenn Sie ein Foto bearbeiten, wechseln Sie zu einer anderen App.

Wenn Sie auf "Hintergrund ändern" tippen, stehen Ihnen vier Optionen zur Verfügung. Bei jeder Option können Sie die Intensität der Unschärfe mit dem Schieberegler ändern.

Der Hauptweichzeichner heißt einfach "Weichzeichner", der nächste ist ein Drehweichzeichner.

Die dritte ist eine Zoomunschärfe.

Die letzte Art der Unschärfe ist der Farbpunkt, bei dem die Objektfarbe und der Hintergrund schwarz und weiß sind.

Wenn Sie hier Änderungen vornehmen, tippen Sie immer auf Übernehmen, um sie zu speichern.

Cancel	Apply

Einzelne Aufnahmen funktionieren auch etwas anders, wenn es um die Bearbeitung geht, denn Sie müssen auswählen, welches Foto Sie bearbeiten möchten.

Unabhängig von der Art des Fotos gibt es mehrere Optionen, die immer gleich sind. Das kleine Wiedergabesymbol oben zeigt Ihr Foto drahtlos auf einem anderen Gerät (z. B. einem kompatiblen Fernseher) an.

Neben dem Wiedergabesymbol befindet sich ein Symbol, das wie ein Auge aussieht. Es scannt

Ihr Foto digital und versucht zu erkennen, um was es sich handelt. Im folgenden Beispiel findet es eine Blume und gibt einen Link an, um mehr zu sehen. Diese Funktion funktioniert ziemlich gut, ist aber nicht immer perfekt.

Neben dem Augensymbol befindet sich ein Optionssymbol. Damit können Sie ein Foto als Hintergrundbild festlegen, es drucken usw. Wenn Sie auf "Details" tippen, können Sie außerdem sehen, wann das Foto aufgenommen wurde, welche Auflösung es hat und welche Tags ihm zugewiesen wurden.

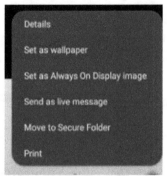

Am unteren Rand eines jeden Fotos befinden sich vier zusätzliche Optionen. Das Herz-Symbol favorisiert das Foto, mit dem Bleistift können Sie es bearbeiten (mehr dazu in einer Sekunde), mit den drei Punkten können Sie es teilen und mit dem Papierkorb können Sie es löschen.

Tippen Sie auf das Stiftsymbol und sehen Sie sich an, wie Sie ein Foto bearbeiten können. Unabhängig vom Foto sehen Sie unten die gleichen Optionen.

Die erste Option ist das Zuschneiden des Fotos. Ziehen Sie zum Zuschneiden an den kleinen weißen Ecken.

Als nächstes folgt die Filteroption. Mit dem Schieberegler können Sie die Art des Filters auswählen, und darunter befindet sich ein Schieberegler zur Einstellung der Intensität des Filters.

Das nächste Symbol ist die Helligkeit. Mit jedem dieser Symbole wird eine andere Einstellung (z. B. der Kontrast des Fotos) angepasst.

Das Aufkleber-Symbol startet Bitmoji (ich werde später im Kapitel darauf eingehen), aber damit können Sie Aufkleber auf Ihr Foto legen.

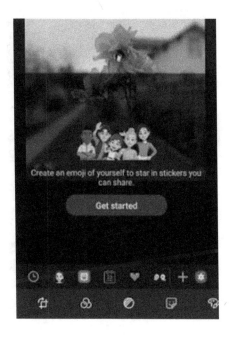

Mit dem Pinselsymbol können Sie auf Ihrem Foto zeichnen.

Und mit dem Textsymbol können Sie über Ihr Foto schreiben.

Wenn Sie keine Zeit für die Bearbeitung Ihres Fotos aufwenden möchten, sondern einfach nur möchten, dass es auf magische Weise und ohne Aufwand besser aussieht, gibt es oben links eine Option, die das für Sie erledigt: Sie beschneidet, dreht und fügt einen Filter hinzu. Je nachdem, wie gut Sie die Aufnahme gemacht haben, sehen Sie vielleicht keinen großen Unterschied.

In der oberen rechten Ecke befindet sich ein Optionsmenü mit noch mehr Möglichkeiten zur Bildbearbeitung.

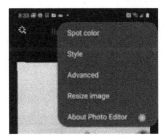

Die erste ist Schmuckfarbe. Mit den kleinen Auswahlfeldern können Sie eine Farbe aus dem Foto entfernen, um das Motiv hervorzuheben. Um die Änderungen zu speichern, tippen Sie auf das Häkchen. Um die Änderungen zu verwerfen, tippen Sie auf das X.

Der Stil wendet Filter an, die dem Foto eine künstlerische Note verleihen, z. B. wenn Sie Ihr Foto wie ein Gemälde aussehen lassen möchten. Mit dem Schieberegler darunter können Sie die Intensität anpassen.

Mit der erweiterten Option können Sie Farbkorrekturen vornehmen.

Wenn Sie ein Foto mit der höchsten Auflösung aufgenommen haben und Schwierigkeiten haben, es zu teilen, können Sie die Option Bildgröße ändern verwenden, um es zu verkleinern.

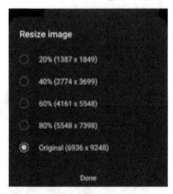

Wenn Sie mit den Änderungen fertig sind, tippen Sie auf Speichern.

BEARBEITEN VON VIDEOS

Die Videobearbeitung hat viele Gemeinsamkeiten mit der Fotobearbeitung. Lesen Sie daher zuerst diesen Abschnitt, da ich die oben bereits erwähnten Funktionen nicht wiederholen werde.

Öffnen Sie zunächst das Video, das Sie bearbeiten möchten, und tippen Sie dann auf , um es abzuspielen. Im Wiedergabefenster gibt es einige Dinge, die Sie beachten sollten.

Auf der oberen linken Seite sehen Sie das unten stehende Symbol. Damit können Sie ein Foto aus dem Video aufnehmen. Sie können dies mit jeder beliebigen Auflösung tun, aber Sie werden feststellen, dass die besten Fotos von einem 8K-Video stammen.

Auf der oberen rechten Seite befindet sich eine GIF Schaltfläche. Damit können Sie ein GIF aus Ihrem Video erstellen.

Sie werden feststellen, dass das Video die gleichen Optionen am unteren Rand hat (vorausgesetzt, Sie haben es nicht abgespielt). Um

es zu bearbeiten, tippen Sie einfach auf den
Bleistift.

Die erste Option, die Sie sehen, ist das Zuschneiden des Videos. Zum Zuschneiden ziehen Sie einfach die weißen Balken vor und nach dem Videoclip
nach innen oder außen.

Als nächstes folgt der Farbfilter, der fast
genauso funktioniert wie der Fotofilter.

Danach folgt das Textsymbol, mit dem Sie über das Foto schreiben können.

Der Emoji-Aufkleber wird danach eingefügt.

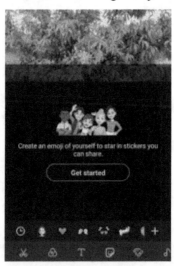

Und der Pinsel ist der zweitletzte.

Das letzte Symbol dient zum Hinzufügen von Ton. Sie können Musik oder etwas anderes hinzufügen, was Sie möchten. Sie können auch mit dem Schieberegler unter Video Ton verwenden, um den Originalton des Videos leiser (oder gar nicht erst vorhanden) zu machen - so können Sie zum Beispiel den Ton eines Familienessens komplett entfernen und durch Musik ersetzen.

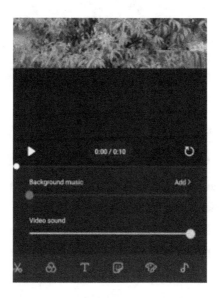

Ganz oben gibt es eine Option: Auflösung. Wenn Sie in 8K aufgenommen haben und es zu groß ist, können Sie es mit dieser Option verkleinern.

ORGANISIEREN IHRER FOTOS UND VIDEOSS

Das Gute an Handyfotos ist, dass man immer eine Kamera zur Hand hat, um denkwürdige Ereignisse festzuhalten. Das Schlechte an Handyfotos ist, dass man immer eine Kamera zur Hand hat, um Ereignisse festzuhalten, und dass man sehr schnell Hunderte von Fotos hat.

Glücklicherweise macht es Samsung sehr einfach, Ihre Fotos zu organisieren, so dass Sie finden können, wonach Sie suchen.

Öffnen wir die Galerie App und sehen uns an, wie wir die Dinge organisieren können.

Galaxy hält die Dinge ziemlich einfach, indem es nur vier Optionen am unteren Rand des Bildschirms anbietet.

Oben gibt es vier weitere Optionen.

In der oberen rechten Ecke befinden sich drei Punkte, das ist das Menü für die Fotooptionen; dieses Menü ist immer vorhanden, egal wo Sie sich in der Galerie App befinden.

Wenn Sie auf dieses Menü tippen, erhalten Sie mehrere weitere Optionen. In diesem Menü können Sie ein Album freigeben, eine GIF / Collage / Diashow des Albums erstellen oder die Fotos / Videos im Album bearbeiten.

Wenn Sie etwas finden möchten, tippen Sie auf die Lupe. Sie können danach suchen, was es ist (ein Live-Fokus, ein Video usw.), Sie können nach Tags suchen, Sie können einen Ausdruck eingeben (z. B. glückliche Fotos).

Wenn Sie auf Alben tippen, sehen Sie Ihre Alben (Samsung erstellt automatisch einige für Sie), und Sie können auf Optionen tippen, um ein neues Album zu erstellen.

Mit Stories können Sie alle Ihre Lebensabenteuer festhalten. Sie können eine neue Story auf die gleiche Weise erstellen wie ein Album.

Die letzte Option ist das Teilen Ihrer Fotos. Um zu beginnen, tippen Sie auf die rote Schaltfläche

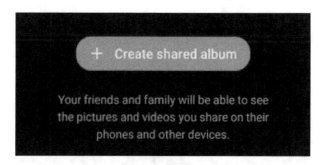

Als Nächstes geben Sie die Telefonnummer oder die Samsung-ID einer Person ein.

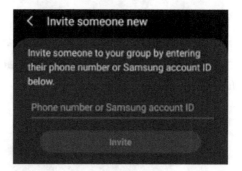

Sobald Sie Ihr gemeinsames Album erstellt haben, können Sie auf das +-Symbol tippen, um ihm Fotos hinzuzufügen.

Sie müssen nicht alle Fotos auf einmal hinzufügen. Sie können sie auch nach und nach hinzufügen.

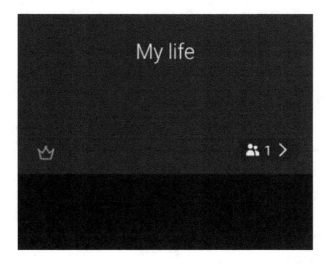

MOTIV AUS DEM FOTO AUSSCHNEIDEN

Wenn Sie lange auf das Motiv eines Fotos drücken und warten, wird das Objekt aus dem Foto ausgeschnitten und Sie können es an einer anderen Stelle einfügen, z. B. in ein Google-Dokument oder eine E-Mail; beim Einfügen erscheint nur das Motiv, der Hintergrund wird entfernt.

GALERIE-SUCHE

Die Suche nach Fotos unterscheidet sich von dem, was Sie vielleicht gewohnt sind - oder besser gesagt, sie ist intelligenter als das, was Sie gewohnt sind. Sie können nach bestimmten Orten und Personen suchen, aber auch nach Gegenständen, z. B. ob die Person eine Sonnenbrille oder eine Jacke getragen hat.

BITMOJI

Bitmoji ist das Samsung-Äquivalent zu Memoji auf dem iPhone. Damit können Sie einen Avatar von sich selbst erstellen, den Sie in Fotos und Textnachrichten verwenden können.

Um loszulegen, öffnen Sie die Kamera App, wählen Sie dann Mehr und tippen Sie schließlich auf AR Zone.

Tippen Sie anschließend auf das AR Emoji Kamera Option.

Bevor du dich amüsieren kannst, musst du ein Foto von dir machen. Achten Sie darauf, dass Sie sich in einem gut beleuchteten Raum befinden, um das beste Ergebnis zu erzielen.

Wenn Sie das Foto aufgenommen haben, wählen Sie das Geschlechtssymbol aus. Sie sind wie folgt: erwachsener Mann, erwachsene Frau, männliches

Kind, weibliches Kind. Sobald Sie Ihre Auswahl getroffen haben, müssen Sie ein paar Sekunden warten, bis das Foto analysiert wurde.

Als Nächstes können Sie die Optionen nutzen, um Ihr Aussehen und die Kleidung Ihres Avatars zu ändern.

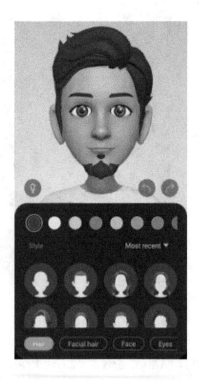

Du kannst jetzt deine AR-Kamera benutzen verwenden, um Fotos mit dem Kopf Ihres Avatars zu machen, der die Köpfe anderer Personen ersetzt!

Sie können auch andere vorgefertigte Avatare auswählen. Mein Favorit ist der Disney-Avatar.

An der Unterseite der Kamera befindet sich ein Schieberegler zur Auswahl der verschiedenen AR Camera Modi. Spiegeln, zum Beispiel, wird Ihren Avatar in den Rahmen des Fotos setzen.

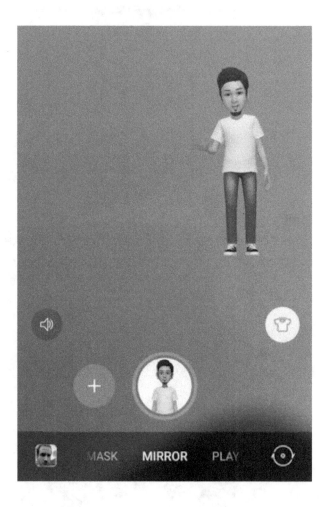

AI-BILD-VERBESSERUNGEN

Sie wissen bereits, dass KI auf der Galaxy groß geschrieben wird, aber ich werde Ihnen jetzt zeigen, warum es nicht nur "cool" ist, sondern "verrückt"! Denn die Verwendung von KI mit Bildern ist unglaublich.

ENTFERNEN VON PERSONEN

Sehen Sie sich das Foto meines Kindes unten an. Großartig! Sie ist wunderschön. Aber sie ist der Mittelpunkt meines Universums - ich möchte nicht, dass sich diese beiden Kinder das Bild teilen!

Um die beiden Kinder aus dem Bild zu nehmen, tippe ich auf die Schaltfläche AI, um von der einfachen Bearbeitung zur AI-Bearbeitung zu wechseln.

Als Nächstes werde ich alle Objekte einkreisen, die ich entfernen möchte. Sie werden feststellen, dass Sie nicht genau sein müssen - die KI findet die gewünschten Umrisse. Im Bild unten sehen Sie,

dass die Person auf der rechten Seite bereits
eingekreist war und jetzt nur noch gepunktete
Linien um den Körper der Person herum zu sehen
sind; die Person auf der linken Seite habe ich einfach eingekreist, es ist also ein großer Kreis.

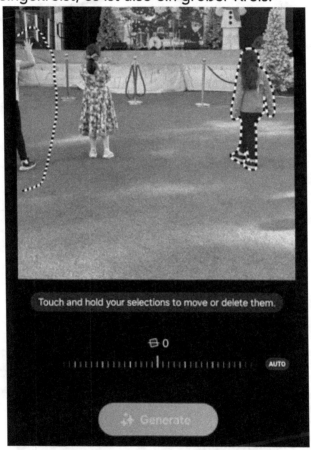

Wenn ich mit allem zufrieden bin, tippe ich auf
ein ausgewähltes Objekt und halte es gedrückt.
Dadurch habe ich die Möglichkeit, die Auswahl
rückgängig zu machen oder zu löschen (das
Verschieben wird als nächstes behandelt). Wenn ich

mit der Auswahl zufrieden bin, tippe ich auf die
Schaltfläche Generieren.

Je nach Komplexität des Bildes dauert die
Erstellung ein paar Sekunden. Wenn Sie fertig sind,
wird das neue Foto auf magische Weise

erscheinen. Wenn Sie auf "Original anzeigen" tippen, können Sie zwischen den beiden Bildern hin- und herschalten, um sie zu vergleichen; wenn Sie auf "Fertig" tippen, wird das neue, von der KI generierte Bild gespeichert.

Verschieben eines Objekts oder einer Person

Ich habe bereits erwähnt, dass Sie eine Person nicht nur löschen, sondern auch verschieben können. Das ist genauso einfach, wie sie zu löschen. Wenn Sie auf ein ausgewähltes Objekt tippen und die Maustaste gedrückt halten, wird das Löschsymbol angezeigt. An dieser Stelle können Sie es auch antippen und ziehen.

Im Bild unten habe ich das Bild gezogen, und jetzt sind an der Stelle, an der das Bild war, karierte Quadrate zu sehen (keine Sorge, die werden ausgefüllt).

Aber damit sind die Möglichkeiten des KI-Editors noch nicht ausgeschöpft. Mit den vier Punkten, die die Person oder das Objekt umreißen, können Sie sie durch Ziehen vergrößern oder verkleinern oder auch rotieren. Im Beispiel unten habe ich meine Tochter etwas größer gemacht, dann habe ich auch den Schneemann herausgezogen, ihn nach vorne gebracht und ihn größer gemacht.

Das fertige Ergebnis ist unten zu sehen; es ist nicht immer perfekt, man muss also experimentieren. Auf dem unteren Bild kann man sehen, dass meine Tochter sich ziemlich gut bewegt hat, aber der Hut des Schneemanns sieht ein bisschen daneben aus - wahrscheinlich, weil der Hut ein schwarzes Objekt vor einem schwarzen Hintergrund war und sie Schwierigkeiten hatte zu erkennen, was was ist. Auf den ersten Blick wird es aber wahrscheinlich jeden täuschen, der hinschaut.

BEGRADIGEN EINES BILDES

Wenn Sie schon einmal versucht haben, ein Bild zu begradigen, haben Sie sich wahrscheinlich geärgert, dass dabei Dinge abgeschnitten werden, die Sie nicht abgeschnitten haben wollen. AI löst dieses Problem!

Im AI-Modus sehen Sie unten einen Schieberegler, mit dem Sie das Objekt begradigen können. Wenn Sie ihn nach links oder rechts ziehen, sieht Ihr Foto ähnlich aus wie das unten abgebildete.

Tap or draw around anything you want to move or delete.

6.3

Sobald Sie auf "Generieren" tippen, werden alle markierten Bereiche mit einer KI-generierten Füllung gefüllt. Sie können das Ergebnis dieses Bildes unten sehen.

HINZUFÜGEN EINES OBJEKTS ODER EINER PERSON ZUM FOTO

Das Schneiden mit KI macht Spaß, aber jetzt werde ich es richtig ausreizen, indem ich Menschen in eine Szene einfüge.

Ich werde mit dieser Landschaftsszene beginnen.

Als Nächstes werde ich einige Gebäude mit der zuvor verwendeten Methode entfernen.

Oben auf dem Foto ist Ihnen wahrscheinlich das Plus-Symbol aufgefallen, auf das wir als Nächstes tippen wollen (wenn Sie es nicht sehen, sind Sie wahrscheinlich nicht in der AI-Bearbeitung). Sie können es aus der Zwischenablage kopieren oder aus Ihrer Galerie hinzufügen; ich werde ein anderes Foto in meiner Galerie finden, also wähle ich dieses aus.

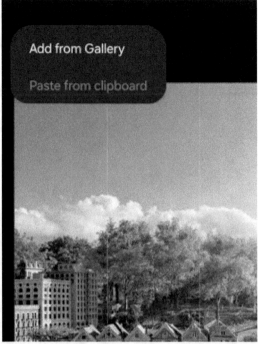

Sobald das Galerie-Foto geöffnet ist, können Sie das Objekt, das Sie in das Foto verschieben möchten, antippen und halten und dann unten rechts auf Fertig tippen.

Verschieben Sie das Objekt, wann immer Sie wollen (und denken Sie daran, dass Sie es drehen und vergrößern können, indem Sie über die Punkte ziehen). Sie werden auch feststellen, dass das +-

Symbol immer noch da ist - das liegt daran, dass Sie mehrere Bilder hinzufügen können. Wenn Sie mit allem zufrieden sind, tippen Sie auf die Schaltfläche "Erzeugen".

Sie haben nun ein neues Foto, in dem das Objekt enthalten ist. Ziemlich cool, nicht wahr?!

AI-WASSERZEICHEN

Sobald Sie alle Änderungen gespeichert haben, wird in der Ecke ein AI-Wasserzeichen angezeigt. Dies zeigt jedem, der es sieht, dass Sie das Bild mit AI erstellt haben. Wenn Sie es wirklich hassen, können Sie es mit dem Werkzeug "Entfernen" loswerden.

VERWENDEN VON NICHT-SAMSUNG-FOTOS

Wenn Sie neu bei Samsung sind, dann haben Sie wahrscheinlich viele Fotos von anderen Geräten, die nicht von Samsung stammen. Das Tolle an diesen neuen KI-Tools ist, dass Sie diese Fotos auch bearbeiten können! Dazu musst du sie nur auf dein Handy herunterladen. Sobald sie in Ihrer Galerie sind, können Sie sie bearbeiten!

Ich persönlich verwende Google Fotos, um alle meine Fotos zu sichern. Jedes Gerät, mit dem ich Fotos aufnehme, hat auch die Google Fotos-App. Sie werden alle in der Cloud gesichert, sodass sie immer da sind, wenn ich ein neues Gerät habe. Um ein Foto auf mein Gerät zu bekommen, öffne ich es dort und wähle dann Auf Gerät speichern.

EDITIEREN MIT GOOGLE

Jetzt werde ich einen Gang höher schalten und über etwas sprechen, das nicht zum Samsung-Öko-system gehört: Google Fotos.

In früheren Ausgaben dieses Buches habe ich das übersprungen; die Fotobearbeitungs-App von Samsung funktioniert wirklich gut, und die KI hat sie noch besser gemacht.

Warum also die Google Fotos-App zeigen? Weil Google auch einige wirklich unglaubliche KI-Fotobearbeitungsverbesserungen vorgenommen hat.

Google Fotos befindet sich bereits auf Ihrem Telefon. Sie finden es im Google-Ordner, wenn Sie alle Anwendungen öffnen.

Photos

Wenn Sie ein Foto öffnen, tippen Sie als Erstes auf die Schaltfläche "Bearbeiten".

In der obersten Zeile finden Sie die Menüoptionen. Unterhalb der Optionen sehen Sie alle Menüs. Das erste, was erscheint, ist immer "Vorschläge"; dies ist immer dynamisch. Sie ändern sich, je nachdem, wie die KI das Foto zu verbessern gedenkt. Manchmal trifft sie genau ins Schwarze. Manchmal... nicht so sehr.

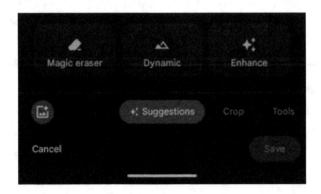

MAGISCHER EDITOR

Eine der wichtigsten Funktionen von Pixel ist der Magic Editor. Mithilfe von KI können Sie ein Foto stark verändern. So können Sie zum Beispiel jemanden, der am Strand steht, aber nicht am Wasser, an den Rand des Wassers bewegen.

Es handelt sich um künstliche Intelligenz, die manchmal besser funktioniert als manchmal nicht. Sie werden wahrscheinlich auf einigen Fotos Ränder und andere Markierungen bemerken, die deutlich machen, dass das Foto nicht zu 100 % echt ist. Es kommt wirklich auf das Foto an.

Möglicherweise sehen Sie die Option auch nicht sofort. Wenn Sie ein brandneues Telefon haben, sollten Sie alle Updates durchführen - sowohl Telefon- als auch App-Updates.

Probieren wir es also aus. Um zu beginnen, tippen Sie auf die Schaltfläche "Magic Edit" unten links auf dem Bildschirm.

Es dauert ein paar Sekunden, bis es geladen ist, also haben Sie etwas Geduld. Für dieses Beispiel nehme ich ein altes Hochzeitsfoto - ja, Sie können auch ältere Fotos bearbeiten (im Beispiel unten ist das Foto 15 Jahre alt); ich werde mich von der linken Seite der Bank auf die rechte Seite bewegen.

Als Erstes kreise ich ein, was ich bewegen möchte - es muss nicht genau sein.

Nach ein paar Sekunden sehen Sie einen weißen Schatten um die Stelle, von der Google glaubt, dass Sie sie verschieben möchten.

Sie können nun den Bildausschnitt an die gewünschte Stelle ziehen.

Beim Ziehen können Sie das Bild auch nach außen drücken, um es größer oder kleiner zu machen.

Wenn Sie mit der Position des Bildes zufrieden sind, lassen Sie los und tippen Sie auf das Häkchen in der unteren rechten Ecke. Das Bild wird nun neu generiert. Das dauert ein paar Sekunden.

Wenn es fertig ist, werden mehrere Fotos angezeigt, und Sie können sich das beste aussuchen.
Auf dem Bild unten sehen Sie, dass es nicht perfekt
ist. In meinem Beispiel ist dort, wo ich vorher
gesessen habe, ein Schatten entstanden. Wenn Sie
nicht zufrieden sind, versuchen Sie es noch einmal -
kreisen Sie etwas anderes ein - oder versuchen Sie
ein anderes Foto.

Something not right? Send feedback

HIMMELSWERKZEUG

Eine weitere beworbene Funktion ist die Möglichkeit, den Himmel auf einem Foto zu verändern. Es ist nicht ganz Tag und Nacht, aber es ist immer noch ziemlich cool.

Wenn Sie bei einem Foto mit einem Hintergrund im Freien auf Extras gehen, sollten Sie die Option Himmel sehen. Tippen Sie darauf. In meinem Beispiel werde ich einen sehr hellen Himmel in etwas Düsteres ändern.

Es ist keine drastische Veränderung, aber Sie können sehen, dass es jetzt bewölkter aussieht.

Das Menü "Werkzeuge" bietet auch die Möglichkeit, einen Unschärfeeffekt auf ein Foto an-
zuwenden. So kann ich den Fokus auf mich legen
und nicht auf das Gebäude im Hintergrund.

Und ich weise noch einmal darauf hin, dass es sich um ein älteres Foto handelt - es wurde vor über zehn Jahren mit einem iPhone aufgenommen. Ich sage das, um klarzustellen, dass Sie jedes Foto verwenden können - egal, mit welchem Gerät Sie es aufgenommen haben.

MAGISCHER RADIERGUMMI

Tools verfügt auch über eine der neuesten und interessantesten Funktionen: Magic Erase. Sie möchten den Fotobomber aus dem Bild entfernen? Erledigt! Die alte Highschool-Liebe, die Ihnen das Herz gebrochen hat? Erledigt!

Bevor ich mehr über dieses magische Radiergummi-Werkzeug erzähle, möchte ich kurz erwähnen, dass Sie bei der Bearbeitung eines Porträtfotos noch mehr Optionen sehen (siehe Bild unten).

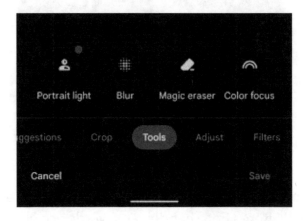

Hier können Sie den Fokus des Bildes ändern (damit Sie etwas anderes unscharf machen können), die Beleuchtung anpassen oder die Unschärfe reduzieren.

Aber zurück zu der wichtigsten Funktion: der magischen Löschung. Wie funktioniert sie? Schauen wir uns das mal an. Das Bild unten ist toll, nicht wahr?! Aber die Statue auf der linken Seite gefällt mir   nicht.

Um sie zu entfernen, gehe ich auf Bearbeiten > Werkzeuge und wähle Magischer Radiergummi.

Von hier aus reibe ich einfach mit dem Finger über den Bereich, den ich löschen möchte.

Wenn ich fertig bin, hebe ich den Finger. Puff. Sie
ist   verschwunden!

Ziemlich cool, oder? Tippen Sie auf "Fertig" und speichern Sie es.

Wenn Sie diese Funktion zufällig nicht sehen, müssen Sie wahrscheinlich Ihr Telefon aktualisieren. Denken Sie auch daran, dass diese Funktion derzeit nur auf dem Pixel verfügbar ist.

SONSTIGE ANPASSUNGEN

Neben Werkzeuge befindet sich die Schaltfläche Anpassen. Hier können Sie Dinge wie die Helligkeit manuell einstellen. Die Vorschläge können dies auch tun, aber automatisch.

Wenn Sie auf eine der Einstellungen klicken, wird ein neuer Schieberegler eingeblendet, den Sie nach links oder rechts bewegen können, um die Intensität anzupassen.

Filter ist die nächste Einstellung, mit der automatisch ein Filter auf das Foto angewendet wird. Wenn Sie also wollen, dass das Foto lebendig aussieht, d. h. voller leuchtender Farben ist, tippen Sie auf den Filter "Lebendig".

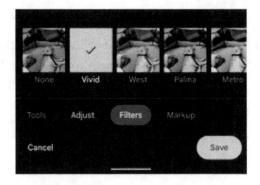

Die letzte Einstellung ist Markierung. Diese Einstellung wird verwendet, um Text zu schreiben oder

Dinge auf dem Foto zu markieren. Zum Beispiel, wenn Sie etwas auf dem Foto einkreisen möchten, auf das Sie jemanden hinweisen wollen.

UNSCHARFE FOTOS

Googles KI bringt Fotos wirklich zum Strahlen. Die Funktion "Unscharf" zeigt das ganze Potenzial dieser KI-Engine: Sie kann zuvor verschwommene Fotos schärfen.

Es befindet sich unter Werkzeuge und heißt Unscharf. Tippen Sie einmal darauf, und das Programm nimmt automatisch die Anpassung vor, die es für das Foto für angemessen hält.

Sobald die Anpassung vorgenommen wurde, sehen Sie einen Schieberegler, mit dem Sie weitere Anpassungen vornehmen können - 100 ist die Höchstgrenze; eine Verringerung der Werte würde das Foto unschärfer machen.

[7]

DARÜBER HINAUSGEHEND

Wenn Sie die volle Kontrolle über Ihr Samsung haben wollen, müssen Sie wissen, wo sich die Systemeinstellungen befinden und was dort geändert werden kann und was nicht.

Zuerst der einfache Teil: Die Systemeinstellungen befinden sich zusammen mit den anderen Anwendungen. Wischen Sie nach oben und scrollen Sie nach unten zu "Einstellungen."

Dadurch werden alle verfügbaren Einstellungen geöffnet:

- Verbindungen
- Klänge und Schwingungen
- Benachrichtigungen
- Anzeige
- Tapete
- Themen
- Startbildschirm
- Bildschirm sperren
- Biometrische Daten und Sicherheit
- Datenschutz
- Standort
- Konten und Sicherung
- Google
- Erweiterte Funktionen
- Digitales Wohlbefinden und elterliche Kontrolle
- Allgemeines Management
- Apps
- Batterie- und Gerätemanagement
- Erreichbarkeit
- Software-Aktualisierung
- Tipps und Hilfe
- Über Telefon

Was die einzelnen Einstellungen bewirken, werde ich in diesem Kapitel erläutern. Es gibt eine ganze Menge Einstellungen! Möchten Sie etwas schnell finden? Benutzen Sie das Vergrößerungsglas oben. Bevor Sie sich jedoch die Einstellungen ansehen, tippen Sie auf den Avatar der Person in der oberen rechten Ecke. Damit können Sie persönliche Informationen hinzufügen.

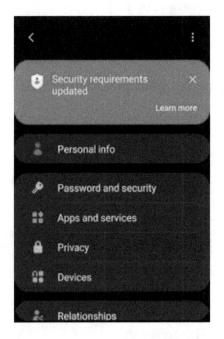

VERBINDUNGEN

Diese Einstellung tut wie die meisten Einstellungen genau das, wonach sie klingt: Sie verwaltet, wie Dinge mit dem Internet verbunden werden- Bluetoothund NFC Zahlungen (d. h. mobile Kreditkarten).

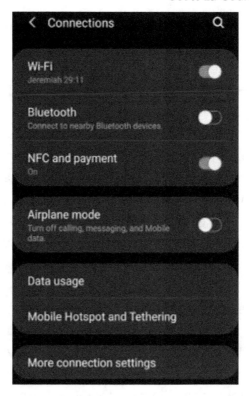

Die Datennutzung zeigt Ihnen, wie viele Daten Sie verbraucht haben. Wenn Sie darauf tippen, erhalten Sie einen detaillierteren Überblick, sodass Sie genau sehen können, welche Apps die Daten verbraucht haben. Warum ist das wichtig? Für die meisten ist es wahrscheinlich nicht wichtig. Ich gebe ein Beispiel, bei dem es mir geholfen hat: Ich arbeite viel unterwegs; ich nutze die WLAN-Verbindung meines Telefons, um meinen Laptop anzuschließen (das nennt man Tethering); mein MacBook war so eingestellt, dass es Backups in der Cloud erstellt, und ich wusste nicht, dass es dies tat, während es sich mit meinem Telefon verband...

20 GB später konnte ich anhand der Daten genau feststellen, was passiert war.

Darunter befinden sich Hotspot und Tethering. Das bedeutet, dass Sie die Daten Ihres Telefons nutzen, um andere Geräte zu verbinden; Sie können zum Beispiel den Datentarif Ihres Telefons nutzen, um das Internet auf Ihrem iPad nutzen. Bei einigen Anbietern fallen dafür zusätzliche Gebühren an - bei meinem (AT&T) ist es im Tarif enthalten. Tippen Sie dazu auf die Einstellung und schalten Sie sie ein, dann geben Sie Ihr Netzwerk und Ihr Kennwort an. Von Ihrem anderen Gerät aus finden Sie das von Ihnen eingerichtete Netzwerk und stellen eine Verbindung her.

Als nächstes folgt der Flugzeugmodus. Diese Einstellung schaltet alle drahtlosen Aktivitäten mit einem Schalter aus. Wenn Sie also fliegen und man Ihnen sagt, dass Sie alles Drahtlose ausschalten sollen, können Sie dies mit einem Schalter tun.

Unter Weitere Verbindungseinstellungen schließlich können Sie eine drahtlose Verbindung in einem privaten Netzwerk herstellen. Dies ist nichts, was ein Anfänger tun müsste, und ich werde es nicht behandeln, da der Sinn dieses Buches darin besteht, es lächerlich einfach zu halten. Sie können hier auch drahtloses Drucken und drahtlose Notfallwarnungen einrichten.

SCHALL S UND VIBRATIONS

Es gibt eine Lautstärketaste an der Seite Ihres Telefons, warum sollten Sie also eine Einstellung dafür öffnen müssen?! Mit dieser Einstellung können Sie die Lautstärke genauer einstellen.

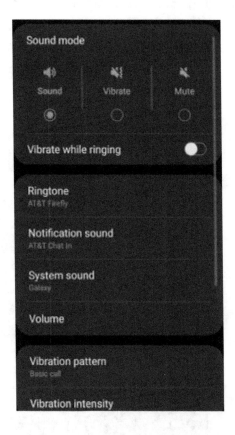

Sie möchten zum Beispiel, dass Ihr Wecker morgens sehr laut klingelt, aber Ihre Musik sehr leise spielt.

Mit diesen Einstellungen können Sie auch die Intensität der Vibrationen anpassen.

BENACHRICHTIGUNG S

Benachrichtigungen sind diese Pop-ups, die Sie über neue Textnachrichten oder E-Mails informieren. In den Benachrichtigungseinstellungen können Sie sie für einige Apps ausschalten, während sie für andere aktiviert bleiben. Sie können auch den Modus "Nicht stören" aktivieren, der alle Benachrichtigungen ausschaltet.

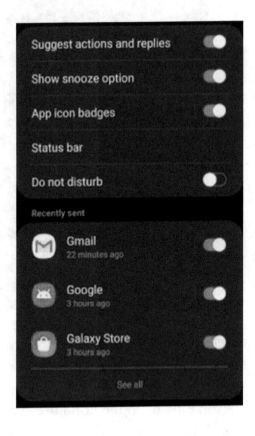

ANZEIGE

Wie bei vielen anderen Einstellungen können fast alle Hauptfunktionen der Anzeigeeinstellungen außerhalb der App geändert werden (z. B. in der Dropdown-Liste für Benachrichtigungen).

Hier können Sie den Dunkelmodus einschalten, die Helligkeit anpassen, die adaptive Helligkeit aktivieren, die Bildwiederholfrequenz anpassen und das blaue Licht ein- und ausschalten.

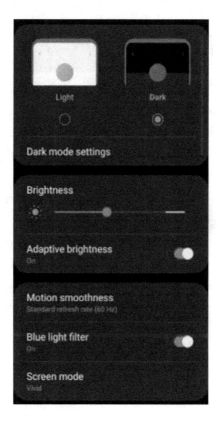

BATTERIE-WIDGET

Wenn Sie mehrere Samsung-Geräte besitzen (z. B. die Galaxy Buds, den S Pen, die Galaxy Watch usw.), können Sie mit dem Akku-Widget die Akkulaufzeit für jedes Gerät im Auge behalten.

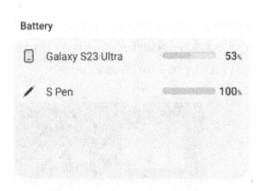

Das Hinzufügen des Widgets ist sehr einfach:

- Tippen und halten Sie auf dem Startbildschirm und wählen Sie dann Widgets.
- Tippen Sie auf den Abwärtspfeil neben dem Akku-Widget.
- Sie sehen zwei verschiedene Stile: Kreise und Listenansicht. Tippen Sie auf den gewünschten Stil.
- Das Akku-Widget zeigt nun alle angeschlossenen Geräte an.
- Sie können in den Widget-Einstellungen ändern, was angezeigt wird, und auch die Farbe anpassen.

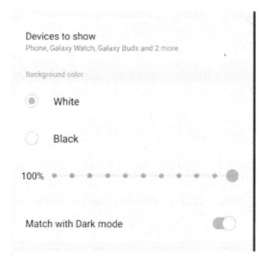

LAUFENDER MONITOR

Gehst du zu Fuß und schreibst eine SMS? Ihr Telefon kann es Ihnen sagen! Gehen Sie auf Digitales Wohlbefinden und tippen Sie dann auf Gehmonitor. Es wird nicht nur Ihre Gehzeit aufgezeichnet, sondern auch, wie oft Sie Ihr Telefon beim Gehen benutzen. Achten Sie auf die Wand!

BILDSCHIRMHINTERGRUND / THEMEN

Ich fasse diese beiden Einstellungen zusammen, weil wir im Abschnitt über das Ändern des Designs und des Hintergrundbildes über jede von ihnen gesprochen haben. Hier gibt es keine zusätzlichen Einstellungen.

STARTBILDSCHIRM

Hier können Sie das Rasterlayout anpassen (wie die Symbole angeordnet sind) und verschiedene Anwendungen ausblenden.

BILDSCHIRM SPERREN

Wenn Ihr Telefon im Standby-Modus ist und Sie es hochheben: Das ist Ihr Sperrbildschirm. Das ist der Bildschirm, den Sie sehen, bevor Sie es entsperren und zum Startbildschirm gelangen.

Die Einstellungen hier ändern, was dort angezeigt wird. Sie können auch Ihre Sperreinstellungen anpassen, wenn Sie z. B. eine Face ID haben und sie in eine Pin ID ändern möchten.

INHALT DES SPERRBILDSCHIRMS AUSBLENDEN

Auf dem Sperrbildschirm verbringen Sie viel Zeit. Er zeigt Ihnen an, ob es sich lohnt, Ihr Telefon zu entsperren, um neue E-Mails, Nachrichten usw. zu sehen. Es können aber auch zu viele Inhalte angezeigt werden. Wenn Sie feststellen, dass Ihr Sperrbildschirm mit Informationen überladen ist, ist es an der Zeit, die Einstellungen aufzurufen und Inhalte auszublenden.

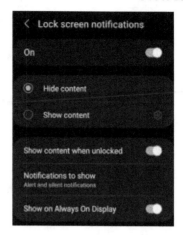

Um diese Funktion zu nutzen, öffnen Sie die Einstellungen Ihres Telefons und gehen Sie dann zu Benachrichtigungen; tippen Sie auf "Sperrbildschirm-Benachrichtigung". Sie sehen nun alle Optionen, wie Sie den Inhalt anzeigen (oder nicht anzeigen) möchten.

ROUTINEN

Routinen sind das, was früher als Bixby-Routinen bekannt war. Damit können Sie verschiedene Modi für Ihre Aktivitäten hinzufügen. Sie können z. B. einen Arbeitsmodus mit einem bestimmten Hintergrundbild und verschiedenen Einstellungen oder einen Ruhemodus haben, der Benachrichtigungen ausschaltet.

Sie können sie unter Einstellungen > Modi und Routinen aufrufen.

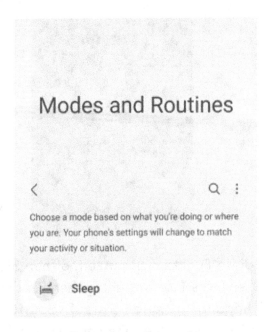

Wenn Sie auf diese Registerkarte tippen, können Sie eine neue Routine hinzufügen. Mit Routinen können Sie Auslöser für bestimmte Aktionen hinzufügen. Sie können zum Beispiel eine Routine für Wenn der Akkustand 5 % beträgt, den Energiesparmodus einschalten einrichten.

BIXBY-TEXTANRUF

Die künstliche Intelligenz hat große Fortschritte gemacht, und das wird mit Bixby Text Call deutlich. Mit dieser Einstellung kann Ihr Telefon Anrufe für Sie entgegennehmen; es ist ideal, um SPAM zu blockieren. Um die Funktion auszuprobieren, gehen Sie zu den Anrufeinstellungen und dann zu Bixby Text Call;

von hier aus können Sie sie ein- und ausschalten und die Einstellungen anpassen.

BIOMETRISCHE DATEN UND SICHERHEIT

Wenn Sie einen Fingerabdruck oder eine weitere Person zu Face ID hinzufügen möchten, können Sie dies in diesem Menü tun. Sie können auch Ihre eigenen Fingerabdrücke aktualisieren - wenn Sie das zum Beispiel mit der Brille nicht gemacht haben, können Sie es hier nachholen. Sie können auch die Funktion "Find My Mobile" aktivieren, mit der Sie feststellen können, wo sich Ihr Telefon befindet, wenn Sie es verlegt oder zurückgelassen haben.

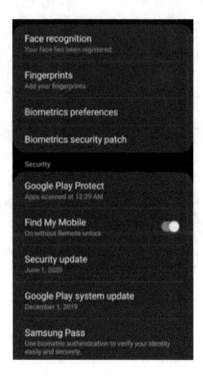

DATENSCHUTZ

Wie Standort Steuerung (siehe unten), haben die Privatsphäre Einstellungen ein großes Upgrade in Android 10 erhalten. Sie sind so groß, dass sie jetzt einen ganzen Abschnitt in den Einstellungen ausfüllen.

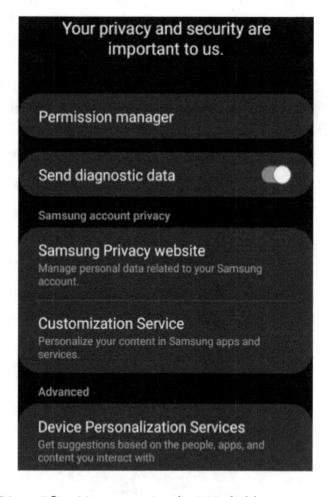

Die größte Neuerung ist die Möglichkeit, festzulegen, welche Apps was sehen; es ist nicht mehr alles oder nichts. Sie können genau festlegen, wie viel oder wie wenig jede App sehen kann. Tippen Sie auf Berechtigungen als ein Beispiel dafür, was Sie kontrollieren können.

STANDORT

In der Vergangenheit war die Standort Kontrolle war eine Alles-oder-Nichts-Funktion - Sie konnten entscheiden, ob eine App Sie die ganze Zeit sehen konnte oder nicht. Das ist gut für die Privatsphäre, aber nicht gut für den Fall, dass Sie tatsächlich brauchen, dass jemand Ihren Standort kennt, z. B. wenn Sie von einer Fahrdienst-App wie Lyft abgeholt werden. Das neue Android-Betriebssystem bietet eine neue Option für die Nutzung der App. So kann eine Mitfahr-App beispielsweise nur Ihren Standort sehen, während Sie die App verwenden; sobald die Fahrt vorbei ist, können sie nicht mehr sehen, was Sie gerade tun.

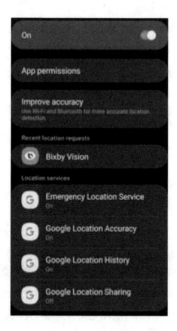

KONTEN & SICHERUNG

Wenn Sie mehr als ein Google-Konto haben, können Sie auf dieses tippen, um es hinzuzufügen. Wenn Sie Ihr aktuelles Konto entfernen möchten, tippen Sie darauf und dann auf "Entfernen" - denken Sie jedoch daran, dass Sie mehr als ein Konto haben können. Entfernen Sie es nicht, nur damit Sie ein anderes hinzufügen können.

Sie können hier auch eine Sicherungskopie Ihres Telefons erstellen. Es ist gut, dies einmal im Monat oder so zu tun, aber Sie sollten es auf jeden Fall tun, bevor Sie zu einem neuen Gerät wechseln.

GOOGLE

Google ist der Ort, an dem Sie alle Google-Geräte verwalten können, die mit Ihrem Telefon verbunden sind. Wenn Sie z. B. eine Google-Uhr oder einen Chromecast verwenden.

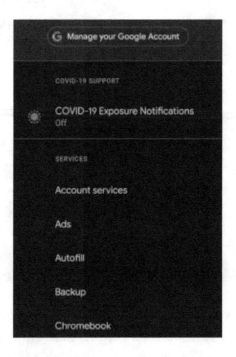

ERWEITERTE FUNKTIONEN

Die meisten Funktionen unter Erweiterte Funktionen sind genau das, was sie klingen: Erweitert. Es sind Funktionen, die Anfänger wahrscheinlich nie benutzen werden. Dinge wie Screenshot-Aufnahmefunktionen und die Reduzierung von Animationen.

Hier gibt es einen wichtigen Punkt. Eine, die ich jedem empfehle zu benutzen: Die Seitentaste.

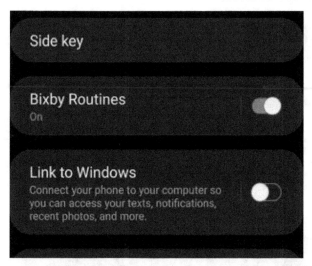

Die Seitentaste ist die Taste unterhalb der Lautstärke. Wenn Sie sie jetzt gedrückt halten, wird Bixby aufgerufen.. Bixby ist nicht die beliebteste Funktion von Samsung. Einige Leute mögen es - viele nicht. Wenn Sie diese Taste ändern möchten, um Ihr Telefon stattdessen auszuschalten, klicken Sie auf diese Schaltfläche.

Wenn Sie doppelt auf die Schaltfläche tippen, wird die Kamera gestartet. Auch diese können Sie aktualisieren.

ERWEITERTE INTELLIGENZ

Das erste, was Sie in den erweiterten Funktionen sehen werden, ist die erweiterte Intelligenz - eine schicke Umschreibung für KI.

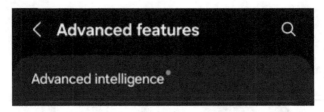

Wenn Sie aus irgendeinem Grund nicht viel von KI halten, können Sie hier Funktionen deaktivieren oder andere Einstellungen verwalten.

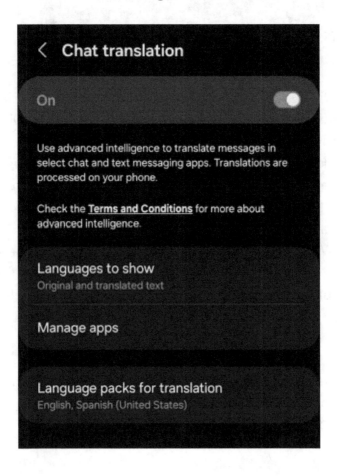

DIGITALES WOHLBEFINDEN UND ELTERLICHE KONTROLLE

Digitales Wohlbefinden ist die von mir am wenigsten geschätzte Funktion des Samsung-Telefons. Wenn meine Frau jetzt sagt: "Du verbringst zu viel Zeit mit deinem Telefon", kann sie es tatsächlich beweisen! Die Einstellung soll Ihnen helfen, Ihre Zeit besser zu verwalten. Sie lässt Sie wissen, dass Sie 12 Stunden pro Tag damit verbringen, Ihre sozialen Medien mit Memes von Katzen zu aktualisieren, und "hoffentlich" bekommen Sie das Gefühl, dass Sie das vielleicht nicht tun sollten.

Wenn Ihr Telefon von Kindern benutzt wird, können Sie hier auch die Kindersicherung einrichten.

BATTERIE- UND GERÄTEPFLEGE

Samsung versucht, die Pflege Ihres Telefons so einfach wie möglich zu gestalten. Mit einem Klick (die blaue Schaltfläche "Jetzt optimieren") können Sie Ihr Telefon scannen lassen und alle problematischen Apps werden geschlossen.

Sie können auch auf einen der drei Bereiche tippen: Akku, Speicher und Speicher.

Bei den Akkueinstellungen geht es mehr um Analysen als um Einstellungen, die Sie ändern können. Hier gibt es einige Einstellungen, die Sie bearbeiten können, z. B. können Sie Ihr Telefon in den Akkusparmodus versetzen. Diese Einstellung ist nützlicher, wenn Ihr Akku zu schnell entladen wird. Sie hilft Ihnen bei der Fehlersuche, damit Sie die Lebensdauer Ihres Telefons verlängern können.

Wenn Sie Ihr Handy zum ersten Mal bekommen, ist der Speicherplatz kein großes Problem, aber sobald Sie anfangen, Fotos zu machen (die größer sind, als Sie denken) und Apps zu installieren, wird er sehr schnell knapp.

Die Speichereinstellung hilft Ihnen bei der Verwaltung dieser Daten. Sie zeigt Ihnen, was Speicherplatz beansprucht, sodass Sie entscheiden können, ob Sie etwas löschen möchten. Tippen Sie einfach auf einen der Unterabschnitte und folgen Sie den Anweisungen, wie Sie Speicherplatz sparen können.

APPS

Jede App, die Sie herunterladen, hat unterschiedliche Einstellungen und Berechtigungen. Eine Karten-App benötigt zum Beispiel Ihre Erlaubnis, Ihren Standort zu kennen. Sie können diese Berechtigungen hier ein- und ausschalten. Ist das wirklich wichtig? App-Hersteller können das nicht missbrauchen, oder? Irgendwie schon. Ein Beispiel: Vor einigen Monaten geriet eine beliebte Mitfahr-App in die Schlagzeilen, weil sie wissen wollte, wo sich die Fahrgäste nach dem Verlassen der Fahrt aufhielten, damit sie für verschiedene Restaurants und Geschäfte werben und noch mehr Geld verdienen konnte. Viele hielten dies für gierig und für eine Verletzung der Privatsphäre. Wenn Sie letzterer Meinung sind, können Sie hier reingehen und die Weitergabe Ihres Standorts unterbinden.

Wie das geht? Tippen Sie einfach auf Erweitert und sehen Sie sich dann alle Berechtigungen an, die Sie vergeben. Gehen Sie zu der Berechtigung, die Sie betrifft, und schalten Sie die App aus oder ein.

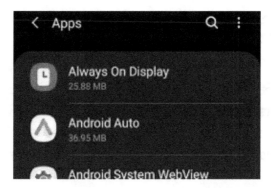

ALLGEMEINES MANAGEMENT

In der allgemeinen Verwaltung können Sie die Sprache und das Datum / die Uhrzeit ändern; das Wichtigste hier ist jedoch Zurücksetzen. Hier können Sie Ihr Telefon komplett auf die Werkseinstellungen zurücksetzen.

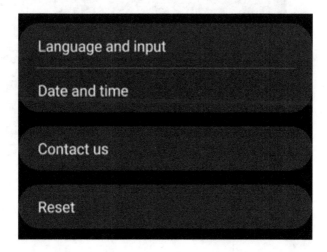

ERREICHBARKEIT

Hassen Sie Telefone, weil der Text zu klein ist, die Farben falsch sind, Sie nichts hören? Oder etwas anderes? Hier kann die Barrierefreiheit helfen. Hier nehmen Sie Änderungen am Gerät vor, um es für Ihre Augen oder Ohren leichter zu machen.

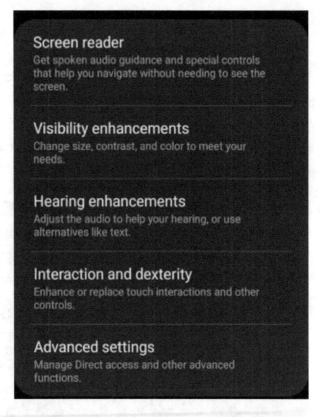

Screen reader
Get spoken audio guidance and special controls that help you navigate without needing to see the screen.

Visibility enhancements
Change size, contrast, and color to meet your needs.

Hearing enhancements
Adjust the audio to help your hearing, or use alternatives like text.

Interaction and dexterity
Enhance or replace touch interactions and other controls.

Advanced settings
Manage Direct access and other advanced functions.

SOFTWARE-AKTUALISIERUNG

Hier finden Sie allgemeine Informationen über Ihr Telefon, z. B. das verwendete Betriebssystem, die Art des Telefons, die IP-Adresse usw. Es ist eher eine Information, aber es gibt hier einige Einstellungen, die Sie ändern können.

TIPPS UND UNTERSTÜTZUNG

Dies ist nicht wirklich eine Einstellung. Es geht nur um Tipps und Unterstützung. Sie können hier auch mit dem Support sprechen.

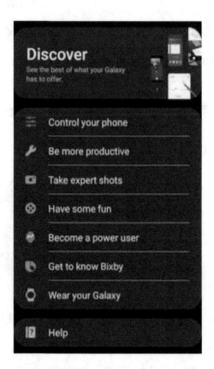

ÜBER TELEFON

Hier finden Sie allgemeine Informationen über Ihr Telefon. Zum Beispiel das Betriebssystem, das Sie verwenden, die Art des Telefons, die IP-Adresse usw. Es ist eher eine Information, aber es gibt hier einige Einstellungen, die Sie ändern können.

Status
View the SIM card status, IMEI, and other information.

Legal information

Software information
View the currently installed Android version, baseband version, kernel version, build number, and more.

Battery information
View your phone's battery status, remaining power, and other information.

INDEX

ÜBER DEN AUTOR

Scott La Counte ist ein UX-Designer und Autor. Sein erstes Buch, *Quiet, Please: Dispatches from a Public Librarian* (Da Capo 2008) war die Wahl des Herausgebers der Chicago Tribune und ein Entdeckungstitel für die Los Angeles Times.

Er hat Dutzende von Bestsellern mit Anleitungen zu technischen Produkten geschrieben.

Er lehrt UX Design an der U.C. Berkeley.

Sie können ihn unter ScottDouglas.org erreichen.